아프리카인이
들려주는

아프리카
이야기

Identité africaine et occidentalité — Une rencontre toujours dialectique by José Kaputa Lota
ⓒ 1975, The Free Press, New York
All right reserved.

Korean translation copyright ⓒ 2012, Saemulgyul Publishing House.
Korean translation rights arranged with The Free Press Limited through Eric Yang Agency, Seoul
All right reserved.

아프리카인이 들려주는 아프리카 이야기 — 만들어진 정체성과 포스트식민주의
지은이 | 조제 카푸타 로타
옮긴이 | 이경래 외
펴낸이 | 홍미옥
펴낸곳 | 새물결 출판사
1판 1쇄 2012년 4월 30일 | 등록 서울 제15-52호(1989.11.9)
주소 | 서울특별시 마포구 서교동 475-1 2층 우편번호 121-896
전화 | 편집부 02) 3141-8696, 영업부 02) 3141-8697 팩스 | 02) 3141-1778
이메일 | sm3141@kornet.net
ISBN 978-89-5559-317-4(03930)

이 책의 한국어판 저작권은 새물결출판사가 소유합니다. 저작권법에 의하여 국내에서 보호를 받는 저작물이므로 무단전재와 복제를 금합니다.

일러두기

1. 이 책은 조제 카푸타 로타의 *Identité africaine et occidentalité — Une rencontre toujours dialectique* by José Kaputa Lota)을 우리말로 옮긴 것이다.
2. 저서는 『 』, 논문은 「 」, 연극 작품이나 미술 작품은 〈 〉로 표시했다.

감사의 말

과학적 연구 성과는 한 사람 이상의 협조를 필요로 하는 긴 호흡의 결과이다. 우리는 이처럼 지극히 신성한 규칙을 위반하지 않았다.

그래서 심심한 감사의 마음을 모든 이에게, 오늘 이 결과물을 내놓는 연구 과정 속에서 어떤 형태로건 도움을 주었던 모든 이에게 표하고 싶다.

우리의 감사의 표시는 특별히 논문지도교수인 아니체토 몰리나로 교수에게 돌아가야 할 것이다. 그는 친절하고도 적절하게 우리 연구를 지도해주었다. 또한 안토니오 피에레티 교수와 나차레노 디마르코 교수에게도 감사드린다. 그들은 우리의 논문을 읽어 주고 비판적으로 평가해주었다.

또 레미조 무사라뇨 예하와 마사프라의 친구들에게도 심심한 감사의 마음을 전한다. 그들은 사려 깊고 너그럽게 우리 작업에 도움을 주었다.

또 진심으로 감사의 마음을 전하고 싶은 이는 사촌 프랑수아 키탕주 사제인데, 그 덕분에 우리는 로마에서 박사학위 연구원 자격으로 체류할 수 있는 혜택을 누렸다.

마지막으로 이 책을 완성하는 데 어떠한 형태로든 도움을 주었던 모든 이들이 여기에 거명하지 않았더라도 우리가 감사하는 마음을 잊었다고 느끼지 않기를 바란다.

차례

감사의 말 · 7
서문 · 11
서론 · 15

1장 문화적 정체성과 아프리카 문명 · 19
   1 본래성, 문화, 문명이란 무엇인가? · 19
   2 아프리카의 문화적 단일성 · 27
   3 아프리카 철학 · 33
   4 흑인 문명의 선행성 · 47

2장 아프리카인의 전통적 세계관과 사회관 · 61
   1 아프리카의 가족 · 61
   2 공동체 생활 · 68
   3 정치 제도 · 81
   4 반투어족의 존재론 · 90
   5 반투어족의 도덕과 생명의 이상 · 95
   6 성과 종교 제도 · 100

3장 흑인매매와 아프리카의 식민화 · 109

  1 흑인매매 · 110
  2 식민화의 변증법 · 114
  3 식민화의 결과 · 122
  4 인간 비극에 직면한 흑인의 책임에 대해 · 126

4장 아프리카인의 전통적 세계관과 사회관 · 131

  1 아프리카 독립의 변증법 · 132
  2 아프리카의 사회계급 · 135
  3 자유의 환상에 대해 · 140
  4 내적 혼란 · 146

5장 아프리카 문화의 복권에 대해 · 153

  1 범아프리카주의 · 154
  2 네그리튀드 · 156
  3 아프리카 사회주의 · 159
  4 본래성에의 호소 · 164

6장 공동체주의에 대한 재평가 · 171

비판적 **결론** · 181
후주 · 186

서문

아프리카의 정체성과 유럽 — 설사 유럽이 주요 대상이 되더라도 유럽에만 국한되는 것은 아니다 — 사이의 관계 문제는 이미 오래 전에 제기되었다는 점에서 오늘의 문제는 아니다. 즉 이 문제는 제2차세계대전 이후 독립을 바라는 여러 국가의 열망이 실현된 이후부터 이론적·실천적 논쟁의 중심에 있었다. 그런데 이 책에서 우리의 논의는 그러한 관계 설정을 부추기고 또 그에 수반되는 문화의 진전 상황에 관한 성찰을 함축하고 있다. 정치, 사법, 경제, 통상, 기술 등의 양상을 넘어 보다 근본적인 문제는 인간과 사회의 가치, 즉 그것의 구조, 형상화, 발전, 사명을 결정짓는 가치들에 관한 문화적 특성과 관련된 것이기 때문이다.

'영원한 변증법적 만남'이라는 이 책의 부제는 유럽 또는 서구 문화를 다양한 층위에서 지배하고 있는 어떤 개념, 즉 결코 평화적이지 않으며 그러한 문화의 내부 자체에서 충분히 예상할 수 있는 어떤 개념을 가리키고 있다. 그렇지만 이와 관련된 특수한 논의는 차치하고 여기서 문제되는 관계의 성격을 제대로 규정하는 것이 바람직할 것이다. 이 책에서 우리가 염두에 두고 있는 것은 그러한 개념의 사용과 그에 대한 이해가 본 연구의 특성을 이루고 가치를 규정하도록 하는 것이다. 필자는 아프리카의 '정체성identité'의 의미를 완전히 인식하고 있는데, 이를 정확히 말해 '다양성diversité'이라는 말 말고는 달리 나타낼 수 없는 유럽과의 불가피한 관계 속에서 인식하고 있다. 아프리카의 정체성은 다양성이 될 수 없지만 동시에 그것은 서구의 다양성과의 '변증법적' 관계를 무시한 채 정체성으로 유지될 수도 없다. 이러한 변증법적 관계는 길고도 힘든 분리와 통합 과정을 요구하는 역사적 변천을 필연적으로 겪게 된다. 이는 정체성의 파괴적 동화 ― 이는 정체성의 상실이나 더 나아가서는 존재의 고유한 의미, 독자적인 에토스, 토착민 고유의 독창적인 가치들, 즉 고유한 정체성의 기초가 되는 가치들의 상실을 의미할 수 있다 ― 를 피할 목적으로 또는 서구가 아프리카의 문화적 정체성의 개발에 이바지할 수 있는 모든 공헌들을 자기화하는 과정에서 신중을 기하기 위해서이다.

  이러한 변증법의 실현은 광범위하고 긴 미래의 작업을 요구한다는 점에서 반드시 필요하면서도 지난한 것이다. 그러한 변증법을 가장 중요한 주제에 초점을 맞추어 제시하며 결정적인 시각을 열어주었다는 사실이 본 연구의 독특한 특징이며 중요한 점이다. 본 연구가 이 문제를 계속해서 분석하고 깊이 연구하기 위해 택한 방법이 적합하다는 확신과 함께 본서에 대한 너그러운 관심을 기대한다.

로마, 성 안셀무스, 2004년 4월 4일.

아니체토 몰리나로

서론

앞으로 우리는 일부 아프리카 사상가들과 아프리카주의자들은 낡고 시대착오적이며 아프리카 대륙의 발전에 영양가가 없는 것으로 간주하는 반면 다른 이들은 흑아프리카의 특성을 복원하는 데 중요한 것으로, 그리고 세계 속에서의 이 지역의 통합적이고 자기중심적인 발전의 출발점으로 지지하고 있는 — 이것은 정당하다 — 한 주제에 관한 우리의 관점을 진술할 생각이다. 서구성에 직면한 아프리카 정체성 문제가 그것이다.

본 연구가 진행되는 동안 내내 아주 세세하게 뒷받침하겠지만 우리 생각으로는 이러한 정체성에 한 발짝 더 다가가는 것은 일종의 카이로스kairos, 곧 아프리카인이 자신의 미래를 개척하는 계획에서 주도권을 다시 잡아야 하는 하나의 적기適期로 받아들여야 한다.

현재 아프리카 대륙이 안고 있는 고통, 기아, 가난 등의 모든 어려움은 과거에 대한 총괄적인 회상과 반성적인 성찰을 통해서만 파악되고 이해될 수 있다. 또한 이처럼 다양한 형태의 위기, 그러한 위기가 제대로 해결되지 않은 상황에 대한 최선의 해결책은 과거의 영광과 논란의 질곡 속에 뿌리박고 있어야 한다. 자기 발전을 위한 행동의 주역으로서 아프리카인들은 역사와 함께 현재를 살아가고 있다. 이 두 가지 실체를 바탕으로 아프리카인들은 더 나은 변화를 도모할 수 있다. 아프리카인들이 품고 있는 생각과 발전은 역사의 부정에서 나오는 것이 아니라 '전통'이라 불리는 조상의 자원이나 과거를 책임지며 합리적이고 선택적으로 회복함으로써 가능한 것이다. 이러한 전통은 뒤에 있는 것이 아니라 다양한 방식으로 파괴를 겨냥한 온갖 잠식과 부정의 노력에도 불구하고 늘 안에 현전해 있다.

따라서 우리가 바라는 것은 초석과 과거로 돌아가는 것, '전통을 민속학 속에 빠뜨리지 않고 현재로 끌어들이며 유토피아 형태로 창조적으로 투사하는 것'[1]이다. 아프리카의 본래성을 회복하고 되살리며 다시금 활성화시킬 필요가 있는 것이다. 그러한 지식의 보고, 밑바닥 자질들은 아프리카 흑인의 혈통, 언어, 종교, 관습, 제도, 역사에 축적되어 있다.

이처럼 과거로 회귀하는 것은 아프리카의 특성에서 나타나는 영원한 대립의 적대 관계를, 또 의식적이건 무의식적이건 (크라에F. Crahay가 말하는) 개념적 비약과 모든 층위에서의 '발전적' 도약을 사실상 객관적으로 기도할 수 없게 만드는 적대 관계를 한층 더 잘 이해할 수 있게 해줄 것이다.

물론 아프리카 흑인의 의식은 두 가지 적대적인 세계관에 의해 갈라져 있다. 즉 전통적 삶의 방식과 서구적인 것, 과거와 현재 사이에서 정말 화합할 줄 모른다. 따라서 근본적으로 현재 변증법적 통합을 이루어야 하는 복합적인 대립관계에 직면하고 있는데, 이와 관련해 이중의 함정을 피할 의무가 있다. 하나는 경직되고 시대착오적인 전통에 수동적이고 무의미하게 빠지는 것이고, 다른 하나는 자신을 전적으로 포기하면서 '현대성'으로 나아가는 것이다.

아프리카의 참된 본래성은 아프리카의 전통을 보호하고 보여주며 설명하는 것에 그쳐서는 안 되며 그러한 전통으로 되돌아가서 현재와 더 나은 미래를 투사하기 위해 일정한 과거의 기억을 간직하는 것만을 목표로 삼아야 한다. 그것은 아프리카 흑인이 어떻게 변모했고 역사의 폭력이 그를 어떻게 소외된 존재로 변화시켰는지를 인식하는 데 도움을 줄 것이다.

물론 과거에 호소하는 것은 거기에 맹목적으로 집착하거나 역사의 조작적이고 독선적인 측면에 마비되려는 것이 아니다. 그것은 아프리카의 전통을 건설적인 비판을 통해 재평가함으로써 해방의 실천을 끌어내려는 것이다. 따라서 우리의 현재의 경험 속에서 과거를 회복하는 것이 필요하다. 이는 우리를 앞으로 내던져 찬란한 미래, 완전히 다른 성질의 삶의 건설을 향해 나아가기 위해서이다. 아프리카의 본래성에 대한 이러한 변증법적 시각에서는 흑인매매, 식민화, 기독교, 이슬람교는 더 이상 우리 존재에 이질적인 요소로 간주되어서는 안 되며 오히려 우리 역사와 전통을 구성하는 일부분으로 간주되어야 한다. 따라서 일부 저자들이 즐겨 사용해온 '전통'과 '현대성' 사이의 고전적 대립은 무의미해진다.[2]

이러한 시도는 흑인의 쇠락 이전의 시대, 순수 상태의 조상들의 전통으로까지 거슬러 올라가는 것을 결코 막지 못할 것이다. 이는

(신화적 과거에) 침잠하고 자족하기 위해서가 아니라 보다 나은 총체적 변화를 위한 효율적인 행동을 겨냥하며 우리의 현재의 결핍 상황을 밝히고 진상을 알아볼 수 있는 자료들을 얻기 위해서이다. 과거와 역사에 호소하는 것은 자족하기 위해서가 아니라 우리의 부족과 결핍을 알기 위해서인 것이다. 마르시엥 토와Marcien Towa가 아주 적절하게 강조하고 있듯이 백인 앞에서의 패배의 책임이 있는, 그리고 상당 부분 현재의 난관에 책임이 있는 부족과 결핍 말이다. 우리의 운명을 떠맡고 우리 자신이 되려는 이러한 의지는 — 이 저자의 견해처럼 — 과거와의 단절의 필요성에 있는 것이 아니다. 타자가 되기 위해 우리의 내적 존재를 부정하면서 변신하겠다는 것도 아니다. 그것은 '전통'과 '현대성'[3] 사이에서, 그리고 아프리카성과 서구성 사이에서 갈팡질팡하는 우리 존재의 이분법을 혁신하자는 것이다.

1_ 문화적 정체성과 아프리카 문명

아프리카 문화, 특히 아프리카 문명은 존재하는가? 각 민족은 자신의 문화, 문명 그리고 세계관을 갖고 있다. 아프리카 흑인도 자신의 문화, 문명, 세계관을 갖고 있다. 그러나 문화와 세계관을 갖고 있다고 해서 흑아프리카 철학이 존재한다고 할 수 있을까? 이와 같은 진부한 질문에 답하려는 연구들을 보면 여러 사람들의 견해가 상당히 다양하게 도출되는 것을 볼 수 있다. 이 모든 문제들을 하나씩 살펴보면서 때로 우리의 입장을 표명해보기로 하자.

1. 본래성, 문화, 문명이란 무엇인가?

흑아프리카는 자신의 문화, 문명 그리고 본래성을 갖고 있다. 그것은 무엇을 의미할까? 우선 그러한 용어들에 대한 각각의 경계를 한정해야 할 것이다.

'본래성'이라는 개념은 정치적 개념이기 이전에 기본적으로 문화적·철학적 개념이다(정치적 관점에 대해서는 뒤에서 다시 논하기로 하자).

철학적으로 본래성은 자신을 입증하고, 자기 자신을 식별하려는 의지이다. 이러한 자기 입증, 즉 자의식의 요구는 '너 자신을 알라'라는 그리스의 유명한 선언 속에 이미 나타나 있다. 이는 인간에게 자연과 자연을 둘러싼 다른 현상들에 대한 이해를 강요하기에 앞서 무엇보다도 자기 자신을 인식하고, 자기 자신을 찾아야 한다는 권유이다.

자의식에 관한 것은 『성경』 안에서도 찾아볼 수 있다. 『성경』에는 남의 눈 속의 티끌을 보기 전에 자기 눈의 들보를 먼저 볼 것을 신자에게 권하는 구절이 있다. 이처럼 자기 정체성과 자기 확신에 대한 연구는 언제 어디서나 철학의 공통 관심사로 남을 것이다. 데카르트의 '나는 생각한다, 고로 존재한다.'라는 명제에는 이미 자의식을 추구하는 인간의 고뇌와 의지가 명백하게 담겨 있다. 나는 의심한다, 고로 존재한다. 나는 생각한다, 고로 존재한다. 내가 의심하고, 생각한다면 결국 나는 의심하고 생각하기 위한 무엇인 것이다. 그러므로 무엇보다도 나 자신을 알 수 있어야 하며, 나의 진정한 본질, 나의 실제적인 정체성, 나의 진정한 본래성을 인식해야 한다. 자의식 없이 적 또는 타인을 인식하라고 주장할 수는 없다. 그렇지 않으면 논리적 모순에 직면하고 만다.

하이데거에게서도 본래성의 사고를 찾아볼 수 있다. 그는 진부함,

허위, 악의, 반감 같은 것에 대한 거부로서의 철학을 끊임없는 정체성, 즉 본래성의 추구로 간주한다.[4]

아프리카 문화의 여러 사건들 속에서 본래성이라는 관념은 모부투 세세 세코Mobutu Sese Seko에 의해서 제기되었다. 그의 인류학적 범주에 따르면 본래성은 조상 전래의 가치와 자신의 발전, 그리고 견고하고 조화롭고 통합된 사회 건설을 위해 자유와 발전에 기여할 수 있는 모든 가치의 선별처럼 자신의 고유한 힘과 근원에의 호소를 전제로 하는 민족의 자각으로 여겨진다.[5]

이러한 근원에의 호소를 보여주는 사례는 인류사에 무수히 많다. 줄리어스 카이사르의 팽창주의 앞에서 골족(켈트족)은 로마의 침입으로 인한 몰개성화, 착취, 지배로부터 벗어나기 위해 자신들의 문화, 즉 정체성에 호소해야 했다. 그들이 영토 보존과 해방에 이를 수 있었던 것은 그러한 문화적 경험에서 비롯된 것이다.

아프리카의 정체성 추구는 독립 이전 시대부터 아프리카 사상가들이 즐겨 사용하던 이론으로 존재했다. 특히 타문화의 긍정적인 기여에 폐쇄적이지 않으면서 자신의 고유한 문화적 가치들에 호소하려는 이러한 의지는 이미 루뭄바Lumumba의 모든 사상에 잘 드러나 있다. 이와 관련해 루뭄바는 이미 다음과 같이 주장했다.

문화적 구상에 있어서 아프리카 신생국들은 아프리카의 문화 발전을 위해 진지하게 노력해야 한다. 우리는 고유한 문화, 가치평가가 불가능한 예술적·정신적 가치, 예의범절 그리고 고유한 삶의 방식을 갖고 있다. 이러한 아프리카적 매력은 강한 애착을 갖고 발전시켜야 하고 보존되어야 한다. 우리는 서구 문명으로부터 좋은 것과 아름다운 것을 취하되 우리에게 적합하지 않은 것은 버려야 한다. 아프리카 문명과 유럽 문명의 이러한 혼합은 아프리카에 새로운 유형의 문명, 즉 아프리카 현실에 일치하는 본래의 문명을 줄 것이다.[6]

이런 식으로 인식된 본래성은 자유롭고 남에게 구속받지 않으려는 의지인 동시에 정체성의 추구와 자기 확신으로 드러난다.[7]
이러한 작업의 범주 안에서 아프리카의 본래성은 외부로부터 온 긍정적 기여에의 개방인 동시에 모든 아프리카 문화의 부활과 정체성의 추구로 이해된다. 그것은 제대로 정립된 변증법적 시각을 통해서 가능하다. 따라서 아프리카의 본래성은 아프리카인들을 재평가하기 위한 지속적인 과제의 일부를 이루기도 한다. 이때 아프리카인들은 신화적 또는 이상적 인간이 아니라 '자신의 고유한 문화적 바탕을 이해하고 자신의 특수한 운명을 고려하면서 자신이 살고 있는 삶의 터전을 준거로 구체적인 상황 속에서 이해된[8] 아프리카인들이다.
아프리카인들의 기본 관심사인 발전 문제와 관련해 본래성에 대한 연구는 매우 중요하다. 왜냐하면 사람들은 자신의 고유한 과거에 대한 명백한 전망 없이는 자신의 미래와 진정으로 맞설 수 없기 때문이다. 사람들은 타인의 기억으로 살아갈 수도, 발전해나갈 수도 없다. 따라서 아프리카 전통에 대한 최고의 인식은 발전의 구성 요소로 간주되어야 한다. 어떤 농부가 생산성을 목표로 자기 자신을 초월하고 분투할 수 있도록 하기 위해서는, 그리고 철저하게 경제 전쟁에 뛰어들게 하려면 적어도 자신이 하는 것에 대한 어떤 관점을 가져야 한다. 그리고 장래와 관련되었다는 것을 인식하기 위해서는 자신이 과거의 계승자라는 사실을 깨달아야 한다. 아프리카의 본래성에 대한 인식은 모든 단계에서 청소년 교육에 필수적인 요소이다. 왜냐하면 그러한 인식은 실향민의 지속적인 양산을 막아줄 것이기 때문이다. 영광과 대재앙, 행복과 불행, 호사와 아프리카의 과거에 대한 대중적·일상적 관점, 바로 그러한 것들이 현재의 젊은이들이 도덕적·정신적 자원들과 함께 삶과 희망의 이유들을 이끌어내야 하는 진정한 지하자원이 되고 있다.[9]

본 연구에서 새롭게 가치를 부여하려는 아프리카의 정체성은 아프리카 문명과의 관계 속에서만 한층 더 잘 포착될 수 있는 아프리카 문화를 통해 윤곽이 뚜렷해질 수 있다. 이 두 개념을 제대로 포착하기 위해서 학술적 명성이 드높은 카가메Kagame와 셍고르Senghor라는 두 작가의 도움을 받아보기로 하자.

> 카가메는 문명을 물리적 세계(기후와 계절, 광물, 하천과 호수, 동식물)를 지배하고 윤택하게 하기 위해, 분열되기 쉬운 내부 요인을 보호하기 위해, 자신을 찬탈하려는 유사한 집단에 대항하기 위해, 그리고 선조들로부터 물려받은 모든 경험을 후손들에게 전달하기 위해 모든 인간 본성(지성, 의지, 감성과 신체적 활동들)을 사용하는 인간 집단의 적응이라고 정의한다.[10]

객관적으로는, 이와 같이 생각된 문명은 자연적으로 언어 체계, 영토, 역사적 과거, 경제 – 법률 체제, 사회관습과 기술적·과학적 인식의 총체, 종교, 도덕, '철학', 예술 등을 포함하고 있다. 그러나 완전히 완벽하다고는 할 수 없는 이러한 용어는 여러 면에서 예시적이고 지시적이다. 주관적으로는, 문화를 구성하는 것으로 열거되는 문명의 요소들에 대한 이런저런 개인의 실제적인 관여를 거론할 수 있을 것이다. 분명히 문화는 문명에 대한 주관적 관점의 형성처럼 보인다.[11]

문명과 문화의 관계에 대해 셍고르는 문명은 "한편으로는 정신적·기술적 가치의 총체이며, 다른 한편으로는 이러한 총체를 사용하는 방식이다"라고 한술 더 뜬다. 문명은 "역사의 특정 순간에 어느 민족의 정신적·기술적 가치들의 총체이며, 그것들의 표현은 구체적 작품들 속에 있다." 그리하여 "인간과 환경 간의 지적·정신적 균형을 목표로 삼고 있는 문화는 환경에 대한 인간의 인종적 반응일 뿐"이다. 문화는 "행동으로서의 문명으로, 혹은 더 나아가 문명의 정신으로 정의될 수 있다."[12]

이 모든 정의와 고찰들로부터 어떠한 논리적 결론을 끄집어낼 수 있을까? 우선 레비-브륄Lévy-Brühl[13]의 학설과는 반대로 각 민족은 필연적으로 문명을 지니고 있다. 아프리카 문명은 철학에서는 생동감 있는 힘에 의해, 예술가들의 작품들 속에서는 양식화에 의해, 정치에서는 장황한 연설에 의해, 사회에서는 공동체적 삶에 의해, 그리고 다른 많은 요소들에 의해 특징지어진다. 따라서 문명을 다른 많은 것들 가운데 한 요소에 불과한 기술적 수준과 혼동해서는 안 된다. 이러한 의미에서 기술적 측면이 서구에 비해 뒤쳐져 있다 해서 아프리카 흑인 사회가 문명이 없는 사회인 것은 아니다. 비록 지체될 수는 있지만 어떤 인간 집단도 자신의 존속을 조건 짓는 문명의 한 가운데서 삶을 이끌지 않고는 영속할 수 없다. 그리하여 아프리카의 흑인처럼 '문명화되지 않았다'는 것과 같은 의미에서의 '미개한'이란 말로 불린 민족들이 취했던 모든 태도는 반-과학적 진실과 같은 것으로 이해되어 왔다. 하지만 그것은 과학이라는 미명하에 정복과 비인간적인 다른 관행을 정당화하는 것에만 전념하는 단순한 이념에 불과하다. 결국 두 가지 현실 사이의 관계를 본질적으로 고려하는 데 있어서 문화라는 개념이 이보다 덜 풍부한 문명이라는 개념보다 훨씬 더 역동적인 것처럼 보인다. 문화의 사고는 상상, 창조적 영감, 혁신적 역동성 등의 사고를 포함하고 있다. 이러한 셍고르의 개념은 (각 민족의 표상들과 가치 요소들 속에 담긴) 문명을 보편화시키고, 이러저러한 다른 민족들처럼 아프리카 흑인들의 집단적 개성을 통해 표현되는 문명의 창조력과 추진력으로 이해된 문화를 특수화시키려는 확실한 관점을 바탕으로 하고 있다.[14]

이러한 셍고르의 시각에서 문화는 역동성 속에서 특수화되는 반면 문명은 안정성과 부동성 속에서 보편화된다. 우리가 여기서 지적하고자 하는 것은 문화에 대한 역동적 또는 변증법적 관점이다. 문화는 과거에 갇혀있는 것이 아니라 영속적인 변화 즉 발전을 필요로 한다. 문화는 자연과의 만남으로부터 태어난 인간의 정신적인, 그리고 행동의 원동력이 되는 것 전체를 가리킨다. 따라서 아프리카 문화는 행위로서의 아프리카 문명이고, 아프리카인들의 행복만을 목적으로 하는 행동들의 일반적인 활동을 고양시키는 정신이다.

이 점을 요약하면서 문화인류학이 상당한 변화를 겪었다는 점을 강조할 필요가 있다. 몇몇 민족에게는 문화가 존재한다는 것을 전면적으로 부정해온 당사자인 문화인류학은 오늘날 특별한 인식에 도달했다. 정확히 문화에 대한 정의에 따라 저자들은 3가지 중요한 경향들로 나뉘고 있다. 몇몇은 문화가 없는 인간 집단의 존재를 지지하거나, 다른 이들은 동일 집단 내에 문화의 서열화를 주장한다. 마지막으로 다른 이들은 매우 단순하게 문화적 상호관계를 주장한다. 우리는 아프리카의 현실에 보다 부합하는 것으로 보이는 이 마지막 의견에 기꺼이 동의한다.[15]

그렇지만 아프리카인들은 다른 민족들과의 접촉 없이 격리된 섬에 살고 있는 것이 아니다. 세계화로 인해 세계는 거의 한 나라처럼 되었다. 과학, 기술, 특히 대중매체는 온갖 편견과 모든 체제의 장벽들을 상당히 완화시켰다. 아프리카의 특수성 문제는 세계사의 도래에 의해 광범위하게 영향을 받게 된 셈이다. 따라서 이처럼 명백한 현실을 앞에 두고 아프리카인들은 보편적인 인류애 속에서 다른 사람들을 만나는 것을 스스로 포기해서는 안 된다. 오히려 그와 반대로 스스로를 사슬의 고리로, 세계의 부분으로, 그리고 광범위한 전체의 일부분으로 간주하고 깊이 인식해야 한다. 세계와 아프리카인들의 우주 사이에는 유기적이고 상호적인 포용과 상호 매개 방식이 존재한다. 이러한 상태에서 아프리카인들에게 본래성이란 결코 자신에 대한 포갬이 아니다. 본래성은 '보편성과 상관적'이며, 그것은 다수의 다형적多形的인 세계에서 구체적인 보편성이 취하는 특수한 형태가 된다. 만일 아프리카의 본래성이 합리성 앞에서 뒤로 숨어든다면, 만일 그것이 오늘날 개화에 필요한 조건들을 제공할 수 있는 촉매제와 기술적 수단들을 통해 표현되는 것을 거부한다면 아프리카의 본래성은 공상으로 남게 될 것이다. 아프리카의 본래성이 현대 기술과 과학의 협력을 계속 외면한다면 그것은 영원히 '사육제와 일종의 보잘 것 없는 보상 이데올로기'로 남게 될 것이다. 반대로 진정으로 해방되기를 원한다면 아프리카의 본래성은 현대적인 기술적·

과학적 진보에 젖어들어야 할 것이다.[16]

그렇다면 이러한 조건들 속에서 어떻게 아프리카의 문화적 단일성을 엿볼 수 있을까?

2. 아프리카의 문화적 단일성

문화는 인간 또는 민족이 각자의 본성에 덧붙이는 독창적인 표지다. 각 민족은 본래 자신의 특수한 문화를 자연적으로 결정짓고 이끄는 특정한 성격에만 흔적을 덧붙인다. 모든 다른 문화들처럼 아프리카 문화도 표면화되고 표현되기 위한 토양을 필요로 한다. 그렇다면 아프리카의 문화적 단일성은 존재하는가?

이 점에 대해 먼저 염두에 두어야 하는 것은 저자들의 견해가 매우 다양하며, 관점도 여러 중간적 입장을 거치면서 아프리카의 문화적 단일성에 대한 부정에서 긍정에 이르기까지 매우 다양하다는 점이다. 우리의 분석은 기본적으로 이 두 가지 극단에 기반해 이루어질 것이다.

첫 번째 경향의 지지자들 — 아프리카의 문화적 단일성을 부정하는 사람들 — 중에서는 다망E. Damman을 꼽을 수 있다. 그는 우선 자신의 논거로 북아프리카와 사하라 이남 아프리카의 분명한 분리를 내세운다. 아프리카 대륙의 북쪽은 수천 년 전부터 외세와 접촉해왔기 때문에 사하라 사막 위쪽에 자리한 지역치고 어느 곳도 이 사막이라는 극복할 수 없는 장애물을 경험하지 못했다. '아프리카'

가 사하라 이남에 자리한 지방으로 이해된다는 점에서 사막은 둘 사이를 가르는 분리의 벽 구실을 해왔다. 다음으로 다망은 수년 전부터 내부에서 다음의 사실이 발견된다는 점에서 아프리카인들이 어떤 문화적 정체성도 갖고 있지 않다고 주장한다. 즉 수렵 문명 수준에 머물러 있는 흑인들, 초보적인 농경 생활을 하는 피부색이 짙은 종족의 흑인들, 목축과 전쟁에 전념하는 키가 크고 날씬한 흑인들, 그리고 중간 형태의 온갖 갑옷투구들이 발견된다는 것이다. 이 모든 민족은 종교뿐만 아니라 언어에 의해서도 구별된다.[17]

같은 맥락에서 바시나J. Vansina는 특히 반투어족(적도 지대의 숲 이남에 있는 사바나 민족들)을 언급하면서 그들에게 높은 수준의 문화적 동질성이 존재함을 인정하면서도 문화적 단일성을 인정하는 데까지는 나아가지 않는다.[18] 반대로 그는 이 지역의 거주 형태의 차이가 오늘날 그들의 공통의 유산을 정확히 밝힐 수 없을 정도로 정치적·사회적으로 상당한 차이를 드러낸다고 주장한다. 하지만 그는 반투어족의 문화적 정체성을 확정하기가 어려워지는 시기는 750년경쯤으로 봐야 한다고 주장한다.[19]

로이스J. Lohisse는 중간적 관점을 제공한다. 그에 따르면 사하라 이남 아프리카로 한정지을 때도 역시 수렵과 채집 문명, 유목 문명, 임간지林間地 농민 문명, 그리고 마지막으로 정착 농경 문명처럼 기후와 지리의 차이가 상당한 문화적 차이를 유발한다는 것이다. 하지만 그는 이러한 차이들을 넘어 다양한 집단들이 진화했던 경제, 사회, 지리 환경들의 상대적 동일성과 민족적 기원의 공통성에 기인한 단일성을 띤다는 점은 부인할 수 없는 사실임을 인정한다. 내재적 차이들을 모두 받아들이면서도 아프리카는 다른 문화권과 분명히 구별되는 특수한 문화적 모습들을 갖고 있다는 것이다. 우리가 아프리카 문명, 네그리튀드(흑인성), 아프리카성이라고 부르는 것이 그러한 모습들이다.[20]

또 다른 관점으로는, 전체 아프리카는 아니지만 적어도 흑아프리카의 문화적 단일성을 열렬히 옹호하는 저자들이 있다. 이상하게도 이러한 진영을 형성하고 있는 저자들이 첫 번째 저자들보다 다수를 차지한다. 그들에 따르면 삶의 일상적 필요성 및 마술적 관행에 관한 아프리카 흑인들의 세계관과 문화의 실제적 적용들이 민족이나 지역마다 다를 수 있음에도 불구하고 근본 원칙들은 동일하게 유지되고 있다. 이러한 문화적 단일성에 대한 사고는 탕펠P. Tempels에 의해 제기되었다. 반투어족과 관련해 그는 그들의 사회적 원칙과 세계관들이 근본적으로 다양하고, 불명확하고, 임의적이라는 것은 논리에 어긋난다고 주장한다. 그들의 사회 조직과 세계관은 근본적으로 똑같고 동일하다는 것이다.[21]

탕펠의 관점에서 더 나아가 카가메는 종류별 언어 제도의 존재와 기본 어휘의 명백한 일치를 통해 반투어족 지역의 문화적 단일성을 확인하고 있다. 이에 더해 반투어족의 근본적 정체성은 '관념들의 기호에 대한 심리적 구조, 존재와 실존자의 분류, 내세에 존재하는 것과 세계에 대한 개념'[22] 등에 의해 증명되었다.

아프리카 흑인들의 모든 역사를 파라오 시대의 이집트에 결부시키는 디오프Cheik Anta Diop에게 아프리카의 문화적 단일성은 의심할 여지가 없는 것이다. 아프리카의 언어들과 이집트의 언어, 상이한 사회·경제·정치 조직 형태들, 종교들, 그리고 수많은 다른 요소들에 대한 철저한 연구에서 출발한 그는 과학적으로 아프리카 전체의 문화적 동일성[정체성]과 유사성을 확립시킨다. 그러한 아프리카 문화는 (처음에) 모권제, 영토 국가의 성립, 가정생활에서의 여성 해방, 외국인 환대, 범세계주의, 사회적 집단주의, 각 개인에게 있어서의 법의 물리적 결속으로 특징지어진다. 그는 자신의 관점에서 전형적이고 일반적인 아프리카 문화의 다양한 물질적 요소로서 특히 실용 예술들, 할례(또한 그 당연한 결과로 여자아이들의 할례), 시체 매장, 토템 숭배를 첫머리에 놓는다.[23]

바로 이 책의 쟁점인 공동체 정신에 관해 말하자면, 저자는 아프리카인들의 연대의식은 과학적 연대의식으로 귀결되지 않는다고 주장한다. 과학적 연대감은 효과적이기는 하지만 아프리카적 연대의식을 구성하는 고유한 인간적 열정이 없다. 고대 아프리카의 모든 사회에서는 각 개인은 혼자라고 느끼지 않으며, 어느 누구도 불안해하지 않았다. 개인주의, 도덕적·물질적 소외, 존재에 대한 혐오는 그동안 경험하지 못한 재앙이었다. 연대의식에 대한 아프리카의 그러한 관점에서 과학적 사회주의를 풍요롭게 하는 일은 흥미로울 것이다.[24]

따라서 아프리카의 흑인 민족들에게는 서로 이질적인 것으로 착각하게 만드는 외형을 넘어 근본적인 문화적 단일성, 진정한 문화·역사·지리·정신 구조적인 공동체가 존재한다.[25] 디오프는 물질적 조건들을 통해 가정생활에서부터 고대 왕국들의 생활까지 이르는 관념적 상부 구조, 아프리카의 기술적 후퇴와 더불어 승리와 패배를 망라하며 이 아프리카 문화에서의 모든 공통된 모습들을 설명하는 데까지 이르고 있다.

그러한 아프리카 흑인의 문화적 단일성으로부터 우리는 다음과 같은 구체적 사항들을 도출해낼 수 있다.

― 경제적 측면에서 우리는 아프리카의 거의 대부분의 민족 집단에서 동일한 전통 조직 형태들을 발견할 수 있다. 그러한 조직들 속에서는 공동체의 삶이 개인의 삶에 우선한다.

― 사회적 측면에서 아프리카의 흑인 사회는 전체적으로 본래 결속력이 있는 사회로, 연령대 별로 그리고 세대 간 입문 지도와 통합을 이끄는 계층들로 구성된 중층적 사회이다.

― 정치적 수준에서 족장관할구역에 따르고 있는 고대 왕국과 제국들은 흑아프리카 전체에 걸쳐 권력의 신성성과 중앙집권제에 기초한 매우 유사한 정치 구조를 보여준다.

― 종교와 신앙의 측면에서 최고 존재의 본성과 우주 속에서의 인간은 모든 아프리카 흑인들에게 거의 동일하고 한결같이 인식되었다. 아프리카에서는 내세의 삶에 대한 신앙이 지배적이다.

― 예술과 관련해서는 모든 사람들에게 있어서 예술을 위한 예술관의 부재, 그러니까 쾌락을 위한 예술의 부재에 주목해야 한다. 아프리카 흑인 예술은 인간 존재의 삶에서 일어나는 모든 사건과 연결된 기능적이고 참여적인 예술이다.

우리가 지적한 이 모든 요소들은 아프리카의 문화, 아프리카의 특성, 즉 아프리카의 본래성을 구성해 왔으며, 여전히 구성하고 있다.[26]

아프리카 문명의 외적 분리, 더 나아가 초기 식민지 전쟁과 다양한 이주 움직임에 의해 우리에게 남겨진 문화적 분산, 흑인노예무역, 식민지화에도 불구하고 그러한 차이점들 너머에는 언제나 아프리카 민족 집단에 공통된 어떤 사실이 존재한다. 그것들을 통해 아프리카의 문화 또는 특성이 정의된다.

그러한 아프리카 문화는 아프리카의 관습과 혼동되어서는 안 된다. 파농F. Fanon이 잘 지적하고 있듯이

문화는 결코 관습의 반半투명체가 아니다. 문화는 본질적으로 단순화를 멀리한다. 본질적 측면에서 문화는 관습과는 정반대 축에 있다. 관습은 늘 일종의 문화 훼손이다. 전통을 고착시키고 폐기된 전통을 되살리려는 것은 역사에 반反하는 일일 뿐이며 해당 민족에게도 반하는 일이다.[27]

아프리카 민족들 간의 문화적 다양성을 연구하는 데 전념하는 모든 이들에게 디오프는 모든 아프리카 흑인은 나일 계곡에서 기원을 갖고 있다는 점을 지적하고 있다. 아프리카인들은 사하라가 완전히 사막화된 후 그곳으로부터 이동했으며, 그때 인구 과잉과 침략으로 인해 소수 인종들을 몰아내고 중부에 이어 남부를 차지했다. 나일 계곡 속에 모든 아프리카 흑인들의 공통된 요람을 위치시키는 지정학적·민족학적·언어학적 자료들이 오늘날 그러한 명제를 입증해주고 있다.[28] 따라서 온갖 것과 수많은 일치점이 모든 아프리카 흑인 민족들의 본원적인 문화적 유사성의 하부구조를 확인해주고 있다. 우리는 계속해서 언어, 예술작품, 그리고 사회적 관행들(지참금, 매장, 할례, 왕실의 근친상간 ……) 속에서 많은 유사성들을 발견하고 있다.

또한 아프리카 국가들의 현재의 정치와 사회적·경제적 다양성들 너머에서 문화와 상황의 유사성을 찾아볼 수 있다. 그 결과 모든 사람들이 전통적인 과거 및 동일한 자유의 열망뿐만 아니라 자본주의와 신식민주의의 지배와 착취에 따른 동일한 경험을 공유하고 있다.

압제와 착취는 이제 우리 역사의 전체를 이루는 일부이며, 결국 어떤 면에서는 우리 문화의 전체를 이루는 부분이다. 그것들은 이제 자유, 행복, 번영에 대한 동일한 이상으로 고양되고 있는 아프리카 민중들의 단일성을 확립시켜 주고 있다.[29]

3. 아프리카 철학

'아프리카 철학은 존재하는가?' 이에 대한 의견은 분분하다. 아프리카 철학의 존재 유무에 답하기 위해 우리는 사유의 역사, 그리고 사유의 역사의 훌륭한 토대 그리고 때로는 논쟁이 아프리카 사상가들과 현대 아프리카학자들 간에 벌어지곤 하는 무의미하다는 것을 보여주기 위해 인간의 사유의 역사 그리고 인류 전체 역사를 거슬러 올라가 보기로 하자.

철학사(특히 서양 철학사)를 회고적으로 바라볼 때 서구 철학은 한 가지 가정, 즉 서구 철학은 이성을 갖고 있다는, 그러니까 서구인은 철학을 소유하고 있다는 전제에 토대를 두고 있음을 알 수 있다. 백인들은 이성, 논리, 철학을 문명인들의 전유물로 이해하고 있는 것이다. 새삼 여기서 레비-브륄이 사망 직전에 제시한 생각을 반복할 필요는 없을 것이다. 과학적 진실을 위해 자기 자신이 주장한 것을 스스로 파괴했던 것이다. 이후 서구의 유명 철학자들은 똑같이 양식에서 벗어난 발언을 거듭해왔다.

헤겔에 따르면 이성과 철학은 서양의 전유물이다. 그는 철학 영역에서 모든 아메리카 및 아프리카 원주민들을 배제했다. 또한 중국,

힌두교 심지어는 고대 이집트도 배제했다. 특히 그는 흑인들을 전혀 존중하지 않았다.

흑인은 모든 야만성, 격렬함에서 자연인을 대표한다. [……] 우리는 그들에게서 인간의 특징을 전혀 발견할 수 없다.

그는 아프리카 대륙에 관해 다음과 같이 말했다.

사하라 이남의 아프리카는 유아기의 나라다. 의식의 역사가 시작된 이후에도 밤의 색인 검은색에 싸여있다.[30]

헤겔에게 철학은 서구에만 존재하는 것이다. 왜냐하면 우선 서구, 그리스에서, 좀 더 확장하면 근대 독일에서 제한되긴 했어도 초보적인 형태의 자유를 만날 수 있기 때문이다. 이 두 국가에 마찬가지로 철학의 두 시기를 상응시킬 수 있다. 그리스 철학의 시기와 그리스 철학을 계승한 독일 철학의 시기가 그것이다. 독일 철학은 영국, 스페인, 프랑스, 이탈리아 등과 같은 다른 나라에 새로운 형태로 자국을 남겼다. 더 불쾌한 것은 헤겔이 다음과 같이 확신했다는 점이다.

노예제도는 흑인들 사이에 더 많은 인간을 탄생시켰다.[31]

헤겔은 흑인에 대한 무지와 오해를 부풀리면서 다음과 같이 말했다.

아프리카는 역사의 아동기다. 우리는 [흑]아프리카의 정신을 규정할 때, 보편성의 범주에서 철저하게 부정해야 한다. 달리 말하면, 어린이 또는 흑인은 여러 생각을 갖고 있지만 철학적 생각은 갖고 있지 않다. 흑인들의 의식은 예를 들면 신, 법칙처럼 견고한 객관성에 이르지 못했다. 객관성에서 인간은 존재에 대한 직관을 가질 것이고, 그러한 직관에 의해 완전하게 절대 존재에 대해 아는 데 무엇이 부족한지 알 수 있다. 흑인은 모든 독립성 속에서 자연인을 대표한다. 흑인들은 자연(사물 ……)에 의존하고 있다는 의식을 가졌음에도 그것을 우월적 존재 의식으로 이끌지 못했다.[32]

헤겔과 같은 맥락에서 하이데거는

철학은 존재 자체가 그리스적이라고 생각했다. 철학은 다름 아니라 고유한 존재에 있어 그리스적이다. 서양과 유럽은 그리고 이 둘만이 내면 깊은 곳에는 철학을 역사적으로 특징짓고 있는 것에서 근원적으로 철학적이다.[33]

이처럼 철학과 그리스 세계는 본질의 정체성을 품고 있다.
우리는 이성을 모두가 공유할 수 있는 최상의 것이라고 생각한다. 따라서 철학은 모든 인간에게서 발견할 수 있는 보편적 활동이다. 철학자 또는 철학에 기초한 사람들 중에 그리스인 또는 독일인만이 존재하는 것은 아니다. 유럽(서구)이 이성을 독점하고 있다면 고도의 범죄 행위, 따라서 가장 비이성적인 것의 상징이며 반영인 흑인과의 조약 또는 식민지 조약은 어떻게 설명될 수 있을까? 이성이 유럽의 몫이라면, 이성이 유럽을 심히 활기차게 만든다면 어떻게 유럽이 일으키고 경험했던 양차대전 같은 야만적 행위를 정당화할 수 있을까? 오늘날 다음의 사실은 자명하다. 즉 어떤 인종이 우월하다는 원칙에 따라 식민지 지배는 문명의 사명으로 정당화되었다. 그런데 그것은 양차대전의 근간을 이루는 것과 동일한 원칙이었다. 모든 시대에 우월한 인종에 대한 콤플렉스는 열등하다고 생각되는 민족들에 대한 정복과 지배의 근간을 이루고 그것을 적법화했다.

인종차별주의란 타인을 열등 인종으로 취급하는 것으로, 현대 사회의 본질에 내재해 있는 결함이다. 선의를 가질 합리적인 사람들은 모두 모든 인종차별 행위에 맞서 투쟁해야 한다. 왜냐하면 그것은 엄청나게 비합리적인 것으로 판명되었기 때문이다. 모든 사람은 합리적이다. 따라서 이성을 갖고 있다. 물론 민족 혹은 인종은 다르다. 주어진 환경에서 어떤 이는 다른 이보다 더 기발하다. 이러한 자질은 '선민'의 전유물도 아니고 꾸준히 행복을 누리는 단일 민족에게 계속해서 발전되는 묘수도 아니다.[34]

최상의 사회적·경제적 상황을 누린 시대의 역사에서 파라오 통치하의 이집트 흑인들은 모든 영역에서 다른 인종들보다 훨씬 더 큰 능력을 발전시킨 역사가 있다. 인류에 그렇게 오래 된 문명을 부여했던 것이다. 디오프의 모든 작업은 이러한 명제를 보여주게 입증하는 데 집중되어 있다. 이러한 주장을 지탱해 준 것은 그뿐만이 아니다. 유럽의 객관적이고 진지한 연구자들 또한 동일한 결론에 다다랐다. 볼네C. F. Volney는 『시리아와 이집트 여행』에서 이렇게 밝히고 있다.

고대 이집트인들은 진짜 흑인으로 아프리카인들의 기질을 가진 종이었다. [……] 이 흑인종은 지금은 노예이며 온갖 멸시의 대상이지만 오늘날 예술, 과학, 언어 사용에 이르기까지 우리가 빚을 지고 있는 바로 그 종이다 …….[35]

다른 사람들은 흑인을 경멸하고 부정하고 식민지화하고 있던 맥락에서 탕펠 신부의 『반투어족 철학』이 탄생했다. 문투(곧 흑인)의 반성 능력과 합리적 능력을 부정하는 모든 사람들과는 반대로, 일관된 사고 체계를 갖지 못했다는 구실로 문투를 인류에서 제외시키는 모든 사람들과는 반대로 탕펠은 흑인의 사고 체계가 고유의 세계관과 특별한 철학을 갖고 있다고 주장한다.

우리는 반투어족이 우주에 대한 지적 개념의 근간, 몇 가지 기본 원칙, 심지어 존재론에서 파생된 상대적으로 단순하고 원시적인 철학적 체계를 갖고 있음을 발견한다.[36]

이 존재론은 반투어족의 모든 행동을 지배하고 인도하는 생각에 들어가 있으며, 그들의 생각을 알려준다.

원시인들은 존재에 대한 생각을 갖고 있지 않다고 선험적으로 확신하는 것, 원시인들은 존재론을 갖고 있지 않고 그들에게는 논리가 결여되어 있다고 확신하는 것은 현실에 등을 돌리는 짓이다.[37]

따라서 반투어족(모든 다른 아프리카 혹인들도 마찬가지이다)은 존재에 대한 개념을 갖고 있다. 그들의 철학은 온갖 믿음, 풍습, 관습, 제도 심지어 행동까지도 포함하고 있다.

이러한 생각으로부터 쓸모없지만 흥미로운 논쟁이 시작된다. 그것은 탕펠의 지지자들과 반대자들에게서 아프리카 철학에 관한 문헌을 풍부하게 만들고 있다. 이와 관련된 문헌에서 주요한 약점으로 드러나는 것은 서양의 시각으로 행동하고 재단하며 비교한다는 점이다. 아프리카의 철학적 언술은 거의 서구화되어 있는 것이다. 모든 '아프리카 철학'은 소위 '전통'이라는 아프리카 문명과, 소위 '근대화'라는 서구 문명과의 갈등에서 태어났다. 서구 문명은 아프리카 문명에 새로운 세계관, 새로운 가치 척도, 새로운 사고방식을 주입했다. 즉 새로운 의미의 세계가 도입되어 아프리카의 전통적 우주관은 진부하고 낡은 것이 되었다. 그리하여 아프리카의 옛 문명은 소멸 위기에 빠졌다.[38]

엘룽구Elungu 교수는 여러 가지 아프리카 철학에서 3가지 경향을 끌어내고 있다.

— 과거를 지향하고 전통을 확실하게 포용하는 경향. 이 경향은 일반적으로 민속학적 철학이라 불린다. 탕펠, 카가메, 물라고Mulago …… 등이 이 부류에 속한다.

— 실현하고 건설해야 할 미래를 지향하면서 다양한 방식으로 아프리카 전통을 무조건 포기하도록 권장하는 경향. 이 무리는 '비판 철학'이라 불린다. 크라에, 토와, 우퉁지Houtondji, 에부씨 불라가 등이 이에 속하지만 미묘한 생각의 차이가 있다.

— 마지막으로, 새로운 사회를 건설하는 데 이용할 수 있는 요소들을 끄집어내기 위해 전통과 근대성을 동시에 신랄하게 비판하면서 현재에 기반을 두고 있는 경향. 셍고르, 니예레레Nyerere, 은크루

마Nkrumah 등 모든 이데올로기 철학이 이 범주에 속한다.³⁹

전통에 대한 모든 아프리카 사상가들과 아프리카 연구자들의 견해를 생각해 볼 때 2가지 대립되는 유파를 발견할 수 있다. 즉 '민속학적 철학' 유파와 비판적·합리적 철학을 옹호하는 유파, 달리 말하면 '전통주의' 유파와 '근대주의' 유파가 있다. 민속학적 철학 유파 또는 전통주의 유파는 신화, 종교, 관습, 격언, 제도 그리고 아프리카 흑인의 표상 등에 걸쳐 아프리카 철학이 존재한다는 것을 끈질기게 주장한다. 민속학적 철학의 장점은 — 이것을 잘 알아야 한다 — 백인들의 관점을 완전히 공유하지 않고도 흑인들이 일관적 사고와 철학 체계를 갖고 있음을 백인들에게 보여주는 데 있다. 이때 철학은 백인들의 그것과는 다른 것으로, 흑인과 흑인 문화를 복원하는 데 기여하기 위한 것이다. 게다가 이 철학은 모든 아프리카 사상가들에게 새로운 현대 문명을 창조하기 위해 아프리카 문화에 뿌리 내릴 필요가 있음을 보여주었다. 민속학적 철학파 또는 전통주의파의 결점은 아프리카 철학을 아리스토텔레스와 토마스 아퀴나스의 모델에 투사했다는 데 있다. 즉, 아리스토텔레스와 토마스 아퀴나스의 사변적 철학의 범주의 도움을 받아 철학을 무조건 종교와 신비주의에 종속하려 한다는 점이다.⁴⁰

반대로 두 번째 유파, 즉 근대주의 유파의 주요 활동은 민속학적 철학 유파에 대한 신랄한 비판을 전개하는 일로 축소되고 말았다. 민속학적 유파에 내재한 철학의 존재는 인정하지만 철학이라는 용어의 엄격하고도 서구적인 의미에서 이 유파에 철학이라는 수식어 붙이기를 부정하는 것이다. 근대주의 유파에 따르면, 모든 철학적 기획은 개인적이고 반성적이며 참여적인 노력과 현실과 어느 정도 거리두기를 전제로 하는 것으로, 신화적이고 직접적이며 집단적이고 즉각적인 사고로 축소될 수는 없다고 주장한다. 철학은 도그마에 기초하는 것이 아니라 진실의 근원으로서 논증에 기초한다는 것이다.

민속학적 철학은 존재의 믿음, 신화, 제의를 객관적으로 설명한다. 그리고 갑작스럽게 이 객관적 설명은 서구 철학을 논박하지도 않고 아프리카인들의 사고에 밀착된 이성에 기초하지도 않는 형이상학적 믿음의 공언으로 변한다. 그리하여 민속학적 철학은 민속학과 철학 모두를 저버리게 된다. [······] 철학적 설명은 항상 논쟁, 논증 혹은 논박이다. 철학은 늘 모순적 논쟁으로 결말을 맺는다. 즉, 비판적이지만 절대적으로 자유로운 검토로 끝난다.[41]

그러나 두 번째 범주로 분류된 철학의 선천적 결함은 '철학' 개념을 명확히 하고 세분화하는 데 만족했을 뿐 아프리카 철학은 '이러한 것이다'를 제안하지 못했고 성과도 없는 단순한 비판에 머물러있다는 점이다. 게다가 많은 아프리카인들이 민속학적 철학에 왜 관심을 가지는지도 해명하지 못했다.

위에서 간단히 소개한 이러한 분열은 보통의 아프리카인들 눈에는 직면한 어마어마한 위험 앞에서 무기력하고 심지어 범죄 행위에 가까운 유희로 보일 뿐이다. 여기서 말하는 위험이란 특히 경제적 어려움, 문화의 쇠퇴, 사회 분열의 가속화, 끊이지 않는 내전과 종족 분쟁 등을 말한다. 오늘날 아프리카의 철학 담론은 아프리카인들의 존재와 실존적 미래에 집중해야만 한다. 아프리카인들에게 있어 결정적인 타격은 노예화, 다음은 식민의 밤이다. 뒤늦은 각성과 과거에 대한 향수는 탈식민화를 망쳐버리고, 이 과정에서 아프리카는 영혼을 잃어버렸다.[42]

게다가 아프리카의 이 두 가지 철학적 조류는 단일한 공통의 토대를 갖고 있다. 서구의 학파들에 동화된 이론적 유산이나 개념적 범주가 그것이다. 모든 철학적 이론은 기원이 어떻든 그것의 과학적 영향력과 진실 효과는 어쩔 수 없이 역사적 산물이다. 특히 문화적 측면에서 철학을 하는 두 가지 방식이 항상 존재해왔다.

— 고대 그리스와 고대 이집트의 비밀 결사, 전통적인 흑아프리카의 철학적 유파를 견본으로 삼는 전문가들의 철학. 이 시기의 철학은 견고한 과학적·철학적 전통을 지니고 있었다.

— 세계에 대한 공통의 시각을 가진, 죽을 수밖에 없는 존재로서의 인간 공동체의 대다수에서 볼 수 있는 철학. 이 철학은 그들의 사고, 행위, 문화, 행동을 인도하는 철학적 본질의 정신적·집단적 지평으로 나타난다.[43]

모든 철학은 어디로부터 유래한 것인지, 누구에게 말하는지를 알아야만 한다. 철학이 잘난 체하는 자들의 목적이자 그들의 욕망의 대상임을 모르는 척하는 것은 자신의 목적을 위해 악의로 철학을 이용할 수 있다는 것을 의미할 뿐만 아니라 자의성과 비이성의 유희에 빠지거나 불투명함 속에 자신을 가두게 된다는 것을 의미한다. 이런 관점에서 민속학적 철학의 모든 가치를 부정하는 사람들은 정복자의 지배 논리를 그대로 받아들이는 것이다. 탐구하는 자도 별로 없는 소위 아프리카의 비판적·근대적 철학은 패자敗者의 모든 가치를 평가절하 한다. 패자에게는 과학도 산업도 없고 마술만이 있으며, 종교가 아니라 미신이, 철학이 아니라 단지 우주발생론과 원시적인 신화만이 존재한다고 본다.[44]

이렇게 아프리카에서 철학을 하는 것은 지식인들이 유럽의 정복자들과 자신을 동일화시키는 행동처럼 보인다. 이 행동은 자아의 부정과 대상의 상황으로부터 자아의 부정의 부정, 즉 내용 없는 추상적인 주체로서의 '자아'의 부정에 이르는 것이다. 보다 구체적으로 철학은 위상에 있어 지배자들의 성찰 세계를 모방하려는 추구 대상들 중의 하나로 나타난다. 이러한 모방 행동은 구조가 변하지 않은 채로 남아 있는 지위 체계 속에서 한 자리를 차지하는 것으로 완성된다.[45]

정복자의 지배 체제와 계급을 재생산하는 그러한 철학은 아프리카 대중의 흥미를 끌 수 없다. 거기서 자신들의 관심사나 문화를 찾을 수 없기 때문이다. 아프리카 대중들 눈에 이런 철학은 '사회적 주검', 단순한 '문학적 수다'에 불과할 뿐이다.

비판적 철학자와 근대주의를 추구하는 과학자들과는 반대로 우리는 아프리카 역사에 깊이 뿌리박지 못한 것이 바로 우리 이론이 갈팡질팡하는 근본 원인이라고 생각한다. 그들은 미래의 문명을 찾기 위해 과거의 잔해를 뒤지는 것은 당면한 문제들의 긴급성과 심각성 앞에서 구식이며 시간 낭비라고 생각한다. 아프리카인들은 미개하고 혼돈스런 과거와 단절하고 현대의 기술 문명에 합류해야 한다고 그들은 생각한다. 이 그룹은 여러 가지로 차이가 있음에도 불구하고 서양의 학교에서 유년기를 보낸 이래 우리의 뼛속까지 침투한 문화적 독이자 소외에 물든 개인들을 포함하고 있다. 그들에게 아프리카에게는 서양에 동화되는 것 외에 다른 출구가 없다. 그러한 태도는 그들의 문화적 무분별함과 우리 문제에 대해 구체적인 해결책을 제안하지 못하는 무능에서 기인하는 것으로서, 결국 우리와 우리의 인성으로부터, 즉 아프리카성으로부터 나온 것을 평가절하하는 위험한 태도일 뿐이다.[46]

그러한 개인들에게 디오프는, 그들이 모범으로 삼는 서양의 동료들은 그들과는 정반대 태도를 취하고 있다고 대답한다. 서양인들은 정치적·철학적 신념을 초월해 자신들의 문화유산을 보호하려는 아주 대단한 열정을 키워왔다. 모더니즘은 과거와의 단절이 아니라 새로운 요소들의 통합을 의미한다. 이러한 통합은 과거를 전제하고 포함하는 것으로서, 모든 민중이 집단적 기억을 되찾을 수 있도록 되살려야 하는 것이다. 자신의 과거와 고유한 문화를 완전히 포기하는 것(이것이 가능한지 자문해야겠지만), 그리고 외국의 가치를 맹목적으로 수용하는 일은 사회를 해체하고 우리 문화유산의 여전히 생생한 가치를 전멸시키는 범죄 행위이다. 그것은 소외와 자기 부정, 심지어 집단적 자살과 다르지 않다. 대중에게 그런 과오를 설교하는 것보다 윤리적으로 대중을 흥분시키는 더 나은 방법은 없을 것이다.[47]

물론 우리 대륙은 현대의 테크놀로지 및 기타 분야에서 상당히 뒤처져 있다. 우리 후손들은 여러 과학 분야에서 다양한 지식을 응집시킬 필요가 있다. 그러나 현대적 지식을 우리의 지역 문화에 뿌리박게 한다면 그것을 훨씬 더 효과적으로 해낼 수 있을 것이다.

문화의 중요성은 너무나 명백한 것이어서 혁명 이론과 실천에서 마르크스주의자들은 항상 사회의 생존에 필수불가결한 이 요소를 유지 혹은 강화하려고 했다. 문화 없이는 모든 투쟁이 효율성을 상실할 것이기 때문이다. 레닌이 강조하는 것처럼, 문화혁명은 "새로운 프롤레타리아 문화를 창조하는 것이 아니라 마르크스주의적 세계관과 삶의 여건 및 독재 시대 프롤레타리아의 투쟁이라는 관점에서 기존의 문화로부터 최상의 모델과 전통, 결과를 발전시키는 것이다."[48] 따라서 이처럼 자기 문화에 대해 잘 아는 것은 보다 나은 미래로 나아가기 위해 반드시 필요한 요소이다.

바로 이러한 '아프리카 철학'에 대해 — 헤겔과 하이데거에 대답하기 위해 — 디오프는 다양한 증거를 토대로 아프리카 철학이 그리스 철학보다 이전의 것일 뿐만 아니라 기원이자 요람이라고 주장한다. 흑이집트는 그리스 사상에 상당한 영향을 미쳤다. 이 지역은 고대 그리스인들에게 항상 모든 학문과 지혜의 요람으로 여겨져 왔다. 그리스의 유명한 현자들과 철학자들은 오늘날 아프리카 흑인들이 유럽에 박사과정을 밟으러 가듯이 바다를 건너 나일 강 계곡의 스승들 곁에서 새로운 학문에 입문해야만 했다. 특히 철학 분야에서 탈레스, 피타고라스, 플로티노스, 플라톤, 에우독소스 등과 같은 철학자들은 이집트의 스승 곁에서 여러 해를 수학해야만 했다. 그들은 거기서 철학 이외에도 기하학, 천문학, 신학 및 모든 학문을 배웠고, 이후 그들은 이를 통해 유명해질 수 있었다. "피타고라스학파, 플라톤이 세운 아카데미, 아리스토텔레스가 세운 학교(리케이온)는 진정한 세습 카스트였던 이집트의 성직자 집단의 완화된 복제품일 뿐이다."[49]

예컨대 플라톤의 철학 사상과 관련해 아멜리노Amélineau는 『이집트 종교 연구 서설』에서 특히 그의 이데아 이론은 이집트의 우주발생론에 깊은 뿌리를 두고 있음을 보여준다. 플라톤의 모든 수학 사상과 에우독소스의 사상도 마찬가지다. 아멜리노는 "그리스의 가장 유명한 체계들, 특히 플라톤과 아리스토텔레스의 체계들은 이집트를 요람으로 했음을 나는 이제야 분명히 보았다"[50]라고 단언한다.

이집트 철학과 문화의 흑아프리카적 특성을 주장하며 마송-우르셀Masson-Ourcel은 다음과 같이 쓰고 있다.

이집트 철학에 동참하면서 소크라테스와 아리스토텔레스, 유클리드와 아르키메데스로부터 나온 지식인주의는 흑인의 정신성에 부합하게 되었다. 이집트 학자는 자기를 매혹시키는 세련된 문명의 이면에서 이러한 정신성을 배경으로 포착해낸다.[51]

그런데 이집트 사상의 커다란 취약점(게다가 모든 흑인 문명의 취약점이 그러한데)은 과학의 신비주의적 성격에 있다. 과학은 사제들에 의해 은밀하게 보존되었고, 소수의 입문자나 특권자들에게만 비밀이 전수되었다. 그리하여 이집트의 모든 스승들은 익명으로 활동한 반면 그리스의 제자들은 그들이 창조한 것과 발견한 것을 대대적으로 알림으로써 대단한 유명세를 얻게 되었다. 수천 년 동안 이집트의 스승들이 가르친 우주발생론은 논리적이며 과학적·철학적 성숙함도 갖추고 있었지만 카스트의 명성과 이익이라는 이유로 그들의 이론 속에는 신성함과 속됨이 공존하고 있었다. 그러나 이집트에서 각자 교육받은 그리스 제자들은 고향에 돌아가자 대중 앞에서 서로를 비판하며 경쟁적인 학파를 만들었다. 바로 이처럼 다양한 그리스 제자들 사이의 논쟁으로부터 고대 신들의 방벽에서 벗어난 철학과 철학 정신이 점차 탄생한 것이다. 이러한 탈종교적 움직임은 탈레스와 함께 이오니아의 밀레토스에서 출발하게 된다.[52]

이렇게 그리스 제자들의 말대로 과학을 속되게 하고 싶지 않았던 이집트의 옛날 사제들과는 반대로 그리스의 제자들은 과학을 전파시키고 널리 보급하고 공개적으로 가르치게 된다. 그리하여 그리스에서 과학과 철학 교육은 지적 수준이나 귀족이라는 사회 계급을 제외하면 어떤 것도 대중들과 다를 게 없는 속인들에 의해 행해졌다. 어떤 신성의 후광도 그들을 감싸지 않았다.[53]

은구팡데Ngoupandé를 빌어 다음과 같이 요약해보자.

1) 고대에 철학이라는 일반적인 이름으로 행해지던 것은 인간의 삶의 의미를 우주와의 관계 속에서 파악하려는 조직적인 노력이었다.
2) 이러한 노력은 초기에는 입문적이고 신비적인 형태를 띠었다.
3) 이 철학은 그리스의 것이 되기 전에 이집트의 것이었다.
4) 이 철학은 파라오 통치하의 이집트의 문화유산으로서 입문을 요구하는 비밀결사를 통해, 그리고 때로는 놀랄 정도로 안정적인 형태로 흑아프리카에 항상 존재해왔다.[54]

결론적으로, 오늘날 아프리카에서 아프리카어로 철학을 한다는 것은 고대 흑아프리카로부터 물려받은 철학적 전통에서 출발해야 함을 의미한다. 이 전통을 부정하지 않고 초월해서 우리 민중을 해방하고 민중의 운명과 집단적 진보를 성취한다는 당면 과제로 시선을 돌려야만 할 것이다.

4. 흑인 문명의 선행성[55]

우리가 주장하려는 핵심 명제는 흑아프리카는 인류의 요람이라는 것이다. 흑아프리카는 인류의 요람일 뿐만 아니라 인류 문명의 요람이기도 하다. 본디 인류 최초의 문명은 이집트에서 탄생했을 뿐만 아니라 흑인들의 작품이었다.

이러한 명제는 불순한 의도로 다른 저자들이 과장되게 제시한 다른 두 가지 명제를 반박하기 위해 생겨난 것이다.

세목(「아프리카, 주변부 대륙」)으로 유명한 한 논문에서 모노 Théodore Monod는 첫 번째 명제를 제시하고 있는데, 오늘날에도 여전히 몇몇 경우에 그것을 다시 발견할 수 있다. 즉 서부 해안에 유럽인들이 도착할 때까지 아프리카는 모든 문명의 주변부에 머물렀다는 명제가 그것이다.[56]

그로부터 우리는 두 번째 명제에 도달하게 된다. 즉 "해안 저 멀리에서 발달한 찬란한 문명들의 주변부에 머물렀기 때문에 아프리카는 이러한 문명들의 형성에, 따라서 (서구의) 지배 문명에 아무것도 기여하지 않았다"[57]라는 명제가 그것이다.

이러한 주장들은 몇몇 유럽인들이 아프리카인들에 대해 갖는 부정적 시각, 그들이 품고 있는 경멸과 증오심의 토대가 되었다.

흑인 문명의 선행성이라는 명제는 오늘날 몇몇 역사학자와 이집트학자들에 의해 주장되고 있다. 그러나 우리는 그러한 주장을 처음으로 명시했으며 반박할 수 없는 과학적 자료를 통해 뒷받침한 공적을 디오프에게 돌려야 한다. 사실 디오프는 고대 이집트인들이 흑인들, 즉 검은 피부에 짧고 곱슬곱슬한 머리의 인간들과 다르지 않음을 점을 증명하기 위해 이집트의 미라들의 피부 속에 포함된 멜라닌 함량에 대해 생화학 검증 방법을 사용할 정도로 온갖 자료(『성경』, 그리스로마의 고대 저자들, 진지한 이집트학자들의 증언, 인류학, 언어학, 민속학, 우주진화론, 각종 조각들)를 면밀히 조사했다. 이후 이 아프리카 학자에게 유럽의 수많은 저자들(모니M.A. Mauny, 쉬레-카날Suret-Canale, 드비스Devisse 같은 저자들)이 가한 모든 비판은 이집트는 흑인 문명이라는 그의 주장을 꺾지도, 이집트는 백인 문명이라는 반대 근거를 입증하는 데도 성공하지 못했다. 이 저자는 근거가 타당하고 풍부한 논증을 통해 고대 이집트인들이 백인종이었음을 주장하려 한 일관성 없는 이론들을 결정적으로 무너뜨리는 데 성공했다.[58] 그의 저서 전체는 서구 문명의 생성에 있어 파라오 시대 이집트의 특이한 역할을 보여줌으로써 문명에서 아프리카가 기여한 바를 증명하는 데 초점을 모으고 있다.

   이집트의 나일 강 계곡에 머물렀던 그리스로마 고대 문명에 관한 어떤 저자도 고대 이집트인들이 백인종이라는 주장에 유리한 증언을 하지 않는다. 그와 정반대로 모든 사람들이 고대 이집트인들은 흑인이었다고 증언하고 있다. 그리스로마 고대 문명의 학자들의 증언 중에서 우리는 헤로도토스, 디오도로스 시켈로스Diodore de Sicile의 증언을 들 수 있을 것이다. 그들에 의하면 고대 이집트인들이 흑인이라는 사실에는 추호도 의혹의 그림자가 드리우지 않는다. 그들의 피부가 흑색이라는 사실은 누구나 이해할 수 있는 분명한 사실이었다.

헤로도토스는 이렇게 증언하고 있다. "콜키스인들[59]이 이집트인들이라고들 한다. 나는 그것을 기꺼이 두 가지 이유로 믿겠다. 하나는 그들이 흑인이며 짧고 곱슬곱슬한 머리를 지녔다는 점이다. 두 번째이자 주된 이유는 콜키스인, 이집트인 그리고 에티오피아인이 태고부터 할례를 한 유일한 사람들이라는 점이다. 유대인과 시리아인들이 그들에게서 그것을 배웠다." 그러고 나서 그는 한발 더 나아간다. "이 순결한 처녀가 흑인이라고 덧붙일 때 그들은 이 처자가 이집트 여인임을 암시한다."[60]

마찬가지로 비중 있는 또 다른 그리스 역사가인 디오도로스 시켈로스는 이집트인의 기원에 대해서 이렇게 주장하고 있다. "에티오피아인들이 말하기를 이집트인들은 […] 오시리스를 통해 이집트로 데려왔던 식민지 이주민들 중의 하나이다. 그들은 이집트인들이 자신들의 창시자와 조상들에게서 물려받은 것처럼 그들에게서도 대부분의 법을 이어받았다고 덧붙인다. 이집트인들이 왕을 신처럼 숭배하고 죽은 자를 아주 장대하게 매장하는 법을 바로 에티오피아인들에게 배웠다. 조각과 문자 역시 에티오피아인들이 만들어냈다……."[61]

이집트인들은 양털 같고 짧은 곱슬머리를 한 '축모 인종'의 흑인들이었다. 에티오피아, 인도, 호주에서 발견되는 웨이브진 회색 머리를 한 '파상모 인종'의 흑인들과는 다르다. "나로서는 콜키스인들은 이집트인들의 식민지 이주민들 중의 하나라고 생각한다. 이집트인들처럼 검은 피부와 짧은 곱슬머리를 지니고 있기 때문이다. 다시 말해 고대 이집트인들은 아프리카의 모든 토착민들과 같은 진정한

흑인들이었다."⁶²

샹폴리옹 2세(이집트학의 창시자)는 현지에서 발견된 자료에 입각해 이집트에서 알려진 다양한 인종을 연구했다. 파라오 시대 이집트의 문화적·과학적 풍요로움에 놀란 그는 특히 백인종에 대해 이렇게 선언했다. "마지막으로 (그리고 이 말을 하게 되어서 부끄럽다. 우리 인종이 일련의 종족 중에서 가장 열등하고 원시적이기 때문이다) 이 점을 정확하게 말해야 하는데, 유럽인들은 머나먼 과거에 이 세상에서 그다지 아름다운 모습을 만들어내지 못했다. 여기서 유럽인들이란 유럽뿐만 아니라 그들의 출발점이었던 아시아에 거주하는 백색 피부에 금발 머리의 모든 민족을 포함한다."⁶³

게다가 실제 증인인 피타고라스와 플라톤 같은 저명한 역사가와 철학자들은 고대 이집트인들이 에티오피아인처럼, 따라서 아프리카의 모든 다른 흑인들처럼 흑인들이었다는 점과 세계를 문명화시킨 것은 흑인종을 닮은 이집트인들이었다는 점을 명백하게 가르쳐 주고 있다.

그리스로마 시대 저자들의 모든 증언에 들어 있는 일반적이고 한결같은 견해로부터 마스페로Maspero는 이런 결론을 끌어내고 있다. 즉 이집트인들은 아프리카 인종(즉 흑인)에 속하는데, 이 인종은 먼저 에티오피아에 정착하고 나중에는 나일 계곡까지 내려갔다는 것이다. 그는 또한 당시 이집트에 흑인의 조상으로 간주되는 햄족의 자손들이 살게 되었음을 밝히기 위해『성경』을 참조한다. 다름 아니라『성경』에 따르면, 이집트는 흑인들의 나라이며, 거기서 이스라엘인들은 처음으로 박해를 받았다.⁶⁴

고대 그리스인들의 이러한 증언들을 거짓이라고 할 수 있을까? 이집트에 머무는 동안 만났던 사람들의 실제 피부 색깔을 이들 모두가 알아차리지 못하지 않는 한 이 증언들은 거짓일 수 없다.

현대의 다른 몇몇 저자들은 샹폴리옹 2세의 생각들을 샹폴리옹 1세를 통해 후대에 왜곡함으로써, 또한 이데올로기적 이유에서 그릇된 생각을 퍼트릴 수도 있을 것이다. 즉 흑인들은 늘 백인들의 지배를 받으며 살아왔으며, 따라서 역사 속에서 아무것도 발명하지 못했고 어떤 역할도 하지 못했다는 것이다. 그들은 심지어 아무런 근거도 없이 고대 이집트가 인류에게 안겨준 모든 것들 중 과학적 근거가 충분한 것은 모두 백인들의 작품으로 돌리기까지 했다. 전前논리적인 의식 구조를 흑인들의 것으로 돌렸던 유명한 레뷔-브륄 외에 자칭 그러한 학자들 중 고비노Gobineau[65]를 꼽을 수 있다. 그는 유감스럽게도 아주 유명한 그의 저서『인종 불평등론De l'inégalité des races humaines』에서 흑인들이 열등한 동물적 감수성과 결부된 예술적 재능만 가졌다고 한다. 그에 따르면, 인간 본성의 열등한 발현으로 귀착되는 예술 감각은 흑인의 피나 감정적 역량과 분리될 수 없다. 이러한 자기 상실 분위기는 교육받은 흑인들의 심리와 인성에 너무나 엄청난 영향을 미쳐 흑인들은 여러 가지 글을 통해 인류는 감정적이고 감수성이 예민한 흑인과 합리성으로 무장한 백인으로 나누어진다는 인종차별적 이념에 찬동함으로써 자기 종족의 역량과 자기 자신의 역량에 대한 신뢰를 마침내 상실하게 되었다. 이러한 자기 상실적인 이데올로기의 정점은 익히 알려진 셍고르의 다음 문장으로 요약된다. "감정은 흑인의 것이고 이성은 그리스인의 것이다."[66]

흑인들이 항상 백인들의 지배를 받아왔다는 주장은 디오프의 견해에 따르면 완전한 역사 왜곡이다. 따라서 진실을 회복해야만 한다. 이러한 ― 자기를 상실한 수많은 아프리카 지식인들에게는 받아들이기 어려운 ― 역사적 진실은 "지구에서 꽃피웠고 인류가 자기 발전의 대부분을 힘입고 있는 최초의 문명의 기원에는 흑인들이 있었다."[67]는 것이다. 논리적으로도 그와 다르지 않다. 오늘날 누구나 최초의 인간이 아프리카에서 태어났고 살았음을 인정한다면, 그 결과 동시에 이 인간이 ― 실제로 인간이었다면 ― 하나의 문명, 따라서 최초의 문명을 아프리카에 탄생시켰다는 것도 인정해야만 하기 때문이다. 아프리카는 인간에게 인간 그 자체를 만들어냈던 것이다.

앞서 언급한 철학 이외에도 디오프처럼 항상 다음의 사실을 유의해야만 한다. 즉 최초로 농사를 짓고 과학, 예술, 문자, 달력을 창조해낸 것은 바로 이집트의 흑인들이라는 점이다. 또한 『사자死者의 서』에 기록된 우주진화론을 만들어낸 것도 그들이다. 세계를 문명화시킨 고대 이집트인들은 정말 흑인들이다. 검은 피부 색깔, 짧은 곱슬머리, 납작 코, 두터운 입술 외에도 그들의 골격은 『렙시우스의 인체 비율Canon de Lepsiu'』에 따라 특히 흑인종을 닮은 특징을 보여준다. 넓적다리에 비해 다리가 아주 길고, 팔 전체로 볼 때 아래쪽이 매우 길며, 두 팔보다 두 다리가 상대적으로 더 긴 특징을 보인다. 게다가 이집트 미라의 멜라닌 색소 함량은 그들의 원래의 색소 구성비를 도출해낼 수 있게 해주었다. 디오프가 미라에서 추출한 표본에 대한 과학적 분석 결과 고대 이집트인들은 현재의 흑인들과 마찬가지로 검은 색의 피부를 지녔음이 반박할 여지없이 밝혀졌다. 그 외에 피라미드에서 발견된 각종 그림에 대한 연구는 이집트에는 나일 계곡으로 침투해 들어온 원시 인도유럽어족의 일부 민족들을 굴복시켰던 흑인종들이 살았음을 드러내었다. 디오프는 더 멀리 언어학적 영역으로까지 밀고 나가는데, 고대 이집트어와 흑인의 언어들, 특히 세네갈에서 사용된 '발로프어Valof' 사이에 존재하는 문법적 친화성과 언어적 유사성을 확인하기에 이른다.[68]

결국 디오프에 따르면 고대 이집트인을 백인종과 결부시키려는 모든 주장은 다양한 자료와 여러 증언들의 진실 앞에서 우스꽝스런 왜곡, 위장된 도피, 진실을 은폐하려는 엄청난 노력에 불과하다. 그리하여 이집트 문명의 기원을 백색화한 모든 사람들은 백인종의 우월성을 주장하려는 순전히 이데올로기적인 이유로 과학적·역사적 진실을 왜곡했던 것이다. 이처럼 검게 타고 까맣고 칠흑 같은 조상을 백색화하려는 정치적·문화적 조작은 고대 그리스로마 시대에는 어떠한 학자에게서도 발견할 수 없으나 불행히도 식민주의 전성기와는 일치한다. 백인은 이집트 문명에 어떠한 것도 기여하지 않았다. 이는 현재의 흑아프리카가 현대 기술 문명에 어떤 의미 있는 기여도 하지 않은 것과 마찬가지다. 하지만 이러한 이집트 경험이 흑인의 것이었다 하더라도 모든 흑인이 거기에 참여했던 것은 아니다. 이집트와 누비아[69] 주변에는 여러 민족이 살던 시대에 여전히 흑인 부족들이 살고 있었으며, 이는 야만족들이 로마 제국 주변에서 살았던 것과 마찬가지다.[70]

따라서 그리스가 이집트로부터 자신의 문명의 모든 요소를 취했고, 문명의 요람은 바로 이집트였던 것이다. 이집트는 고대 내내 지중해의 모든 민족이 과학적·사회적·윤리적·종교적 지식과 함께 인간 존재가 우주로부터 획득한 가장 오래된 다른 지식들의 근원을 구하러 오는 땅이었다. 이집트의 신전에는 철학, 의학, 종교, 수학, 천문학, 기하학, 법 그리고 다른 지혜들을 다룬 귀중한 파피루스가 잘 보관되어 있었다. 이집트의 종교 지도자들은 이 모든 학문을 그리스 제자들에게 가르치려고 애썼다. 이 이집트 흑인들과 이들의 파라오 시대 문명은 인류사에서 문명화를 촉진하는 데 매우 중요한 역할을 담당했다.

이집트 흑인들의 또 다른 발명품인 문자는 기원전 3,000년경 나일 계곡에서 탄생했다. 그들은 상형문자로부터 출발해 표음문자에까지 도달했다. 렙시우스는 이 문제에 대해 "이집트인들은 표의문자로 시작했고 [……] 그들에게 표음문자는 외부에서 들어온 것이 아니라 원래의 토착적인 문자가 점차적으로 발전한 것뿐이다"라고 분명하게 주장하고 있다.[71] 따라서 알파벳 형태는 거기에 기원이 있다. 비록 유럽에서 표음문자가 더 발달했지만 유럽의 모든 문자는 이집트의 상형문자, 종교문자, 민용民用문자에서 직간접적으로 유래했음을 인식해야 한다.[72]

문자는 파라오 시대 이집트의 발명품이다. 물론 이것이 아프리카 전역에 걸쳐 동일하게 발달된 것은 아니지만 사하라 이남의 아프리카는 이들 문자의 표본을 갖고 있었다. "카메룬에는 상형문자가 존재한다. 이 상형문자는 은도야족Ndyouya에 의해 근래에 체계적으로 발전한 것으로 원형은 아니다. 시에라리온의 바이족Vai의 음절문자, 바사족의 홀림문자들은 제프리 박사에 의해서 연구되었다. 은시비디족Nsibidi의 문자는 알파벳순으로 되어 있다. 시에라리온에서 이러한 문자들은 현대 문장을 작성하는 데 여전히 사용되고 있다."[73]

디오프와 같은 맥락에서 고대 그리스의 글들, 그림들 그리고 조각들에 존재하는 온갖 아프리카의 흔적을 밝혀내기 위해서는 앙젤베르 음방Engelbert Mveng의 세심한 발굴을 명심할 필요가 있다. 그는 "그리스 문명에서 흑인들의 존재는 한 지역에서만 발견되는 우연한 일이 아니다"라는 것을 증명하는 데 성공했다.[74] 문명에 대한 아프리카의 모든 기여에 대한 부정에 직면한 세대에게 이러한 증명은 매우 중요하다. 고대 문명에의 기여에 대한 호소는 인류의 생성에 대한 공헌을 무시하고 아프리카를 세계의 변두리로 몰아내려는 의도들을 결정적으로 종식시키게 되었다.

만약 흑인들이 이집트 문명의 창조자라면, 즉 인류 최초의 문명의 창시자라면 어떻게 오늘날의 그들의 퇴보를 설명할 것인가? 이집트인들이 흑인이라면, 고대 이집트인들이 쟁기와 문자를 사용하고 피라미드를 건설하는 동안 다른 흑인들이 기술적으로 뒤떨어져 있었던 것을 어떻게 정당화할 것인가? 이것은 매우 흥미로운 질문으로, 이에 대해 두 저자가 답을 내놓았다. 그것의 가부에 대해서는 독자들의 자유로운 판단에 맡기겠다.

키-제르보에 의하면 고대 이집트의 비약적 발전의 원인은 거주민들의 피부색이 아니라 무엇보다 많은 유리한 상황들 속에서 **새로운 인류의 실험실**이 된 길고 풍요로운 나일 계곡의 경제, 인구 그리고 사회적 조건들 덕분이었다. 그러나 남쪽으로 방향을 잡은 다른 흑인들은 이집트 흑인들과는 다른 역사적 운명의 길을 걸었고, 이집트 흑인들 같은 혜택을 누리지 못했다. 그들은 인구 분산, 척박한 토양, 타민족들과의 교류뿐만 아니라 같은 나일 계곡의 동족들과의 교류의 감소, 혹독한 기후, 열대와 적도우림의 풍토병 등에 의해서 피해를 입었다. 이러한 것들이 사하라 이남의 기술적 후진성을 설명해준다. 이러한 상황은 아프리카에만 국한되는 것이 아니라 보편적인 현실이었다. 이것은 국민 통합과 매스미디어의 힘이 백배 이상 강한 서구의 저발전 지역에서도 여전히 발견되고 있다.[75]

동일한 맥락에서 디오프는 이집트 문명의 종말을 알리고 모든 아프리카 지역에서 흑인들을 분산시킨 것은 사하라의 사막화와 이민족들의 이집트 침입이라고 주장한다. 나일 계곡의 인구 과잉, 다양한 사회 변동에 의해 내륙 깊숙이 들어간 이민족들은 이전과는 전혀 다른 물리적·지리적 조건들에 직면하게 되었다. 그리고 이처럼 외부 세계와 단절된 아프리카 문명은 갇힌 채 살아남게 되었다. 보다 근본적인 다른 요소들은 오늘날까지 존재하는 반면 나일 계곡 문명의 몇몇 요소들은 사라지게 되었다. 특히 공동체 정신의 경우가 그러하다. 나일 지방의 풍부한 특산물은 모든 주민이 해마다 일어나는 사건에 집단적으로 대처하게끔 만들었다. 살아남기 위해 각 계층은 이기심을 버려야 했다. 또한 모든 주민의 합의와 모든 씨족들의 연대의식이 필요했다. 어느 누구도 자족할 수 없었고, 홀로 상황에 대처할 수 없었다. 사하라 이남에서 부딪힌 새로운 지리적 상황은 주변 환경을 통해 흑인들로 하여금 그러한 환경에서는 불가능한 사변적인 과학적 연구보다는 정치적·사회적·도덕적 조직의 발전에 더욱 골몰하게끔 만들었다. 아프리카의 몇몇 중앙 지역에 파피루스가 없다는 것은 — 이름이 알려지지 않은 몇몇 저자들이 늘 주장하듯 — 문자의 부재가 아니라 문자의 감소를 불러오게 되었다.[76]

하지만 백인들이 사하라 이남 아프리카 지역에 도착하기 훨씬 이전에 흑인 문명은 한창 개화했었다는 점에 유의하자. 그곳에는 질서 정연한 마을들, 잘 조직된 국가, 호화로운 옷을 차려입은 사람들이 있었다. 유럽 '정복자들'의 도착은 미국 대륙(노동력)과 유럽(1차 산물)에서의 경제적 필요성에 부응하기 위한 노예무역과 식민지배에 의해 문명의 그러한 개화를 서서히 말살했다. 유럽인들은 총기로 아프리카를 무력하게 만들었으며 흑인의 인성을 변조했다. '야만적인 흑인'과 '원시인'이라는, 널리 퍼진 관념은 지난 세기 초까지 유럽을 지배했던 유럽인들의 발명품이었다.[77]

오늘날 아프리카는 전반적인 빈곤과 저발전 상태에 처해있는데, 세계에서 가장 낙후된 곳에 놓여 있는 이 지역은 기술적·과학적 측면에서 상당히 지체되어 있다. 아프리카인들의 생활수준은 매우 낮다. 생존 차원에서 고대 아프리카 문명의 존재는 아프리카인들의 가난, 영양실조, 문맹 상태를 바꾸어 놓지는 못했다. 아프리카인들의 세력과 행동은 그러한 면에서 결정적이시 곳겠디. 우리는 또한 자연을 지배하려는 실제적 의지조차 없다고도 단언할 수 있을 것이다. 그렇다면 본 연구에서 흑인 문명이 선행했다는 이러한 학설이 보여주는 장점은 무엇인가?

이 학설은 발전이란 인종과 관련된 현상이 아니라 ― 그렇지 않으면 세계의 모든 백인 거주 지역은 발전된 지역이 되어야 한다. ― 오히려 사회적·경제적·물질적 조건과 각 국민의 경제적 역동성과 관련되어 있음을 말해준다. 과학과 철학이 다른 지역보다 더 이집트에서 발달했다면 그것은 사회적·경제적 그리고 지정학적 조건들이 잘 갖추어져 있었기 때문이다.

다음으로, 그것은 발전의 역동적·변증법적 특징을 잘 드러내준다. 과학과 철학은 이집트에서 탄생되어 그리스와 로마로 전해졌으며, 마침내 유럽으로까지 확산되었다. 이미 많은 연구자들이 예언했듯이, 현재 전 세계는 미국의 지배력을 경험하고 있으며 새로운 문명의 도약을 향해 발을 내딛고 있는 일본이 바짝 뒤쫓고 있다. 과학과 철학은 보편적인 업적이다. 모든 인류의 고된 노고의 열매이지 어떤 인종이나 민족, 더 나아가 어떤 종교의 소유물이 아니다. 과학과 철학은 언제나 다양한 단계에서의 모든 민족과 모든 세대의 공통된 유산이자 유물로 남아 있을 것이다. 그리스인들이 이집트의 저서들에 대한 각양각색의 번역을 통해 조국에 적응시키는 방식으로 과학을 이집트에서 들여온 것처럼, 오늘날 우리 아프리카인들도 인류의 행복과 우리의 필요에 따라 우리 언어로 서구의 과학을 번역하고 발전하기 위해 비약적인 도약을 이룬 일반 과학을 배우러 서구로 가야 한다.

이와 마찬가지로 만약 아프리카가 인류의 요람이라면, 즉 인간의 요람이라면 아프리카에서 태어난 이 인간(니그로이드)[78] — 만일 그가 진정 인간이라면 — 은 자연과의 어느 정도의 투쟁 및 호구지책을 충족시킬 수 있는 이지理智를 갖고 태어난 인간임을 인정하는 것이 기본적인 이치일 것이다. 따라서 인간과 종종 인간에 적대적인 자연과의 대결로부터 현대인이 계속 존속시키고 수정하고 발전시키고 있는 과학이 이미 탄생했다는 점을 인정하는 것이 합당하다.

결국 고대 이집트와 흑아프리카는 동일한 문화권에 속해 있으며, 현재의 아프리카 흑인 문화는 최초의 요람이었던 나일 계곡의 진흙 속에 뿌리를 두고 있다. 우리는 아프리카의 흔적을 지닌 흑인 문화에 입각해서만 고대 이집트 문화와 이 문화의 본질을 엄밀하게 이해할 수 있다. 이러한 역사적·문화적 연속성, 그리고 고대 이집트 문화와 흑아프리카와의 문화적 친족관계로 인해 모든 흑인은 자신의 문화를 합리적으로 고대 이집트와 연결할 수 있으며, 이것에 기초해 현대 문화를 창조할 수 있다. 이러한 이집트와의 접촉은 흑인들을 질곡에서 벗어나게 해주며, 모든 피라미드, 종교와 과학을 내포하고 있는 모든 문명은 흑인 조상들의 작품이었다는 신념을 갖게 할 수 있다. 신념을 갖는다는 것은 조상의 영광 위에서 안위하기 위한 것이 아니라 지상의 삶이 부과하는 새로운 모험에 맞서기 위한 것이다.[79]

이렇게 할 때만이 아프리카인들은 유용하게 '보편성을 지닌 진정한 문명'의 설립에 효과적으로 공헌할 수 있을 것이다. 보편성은 인간 개성의 향상이지, 거주와 단정한 의복을 통한 물질적인 삶의 조건의 향상, 좋은 음식, 소비재의 대량생산, 위생보건, 폭넓은 교육 등과 같은 것이 아니다. 유용하고 필수적이기까지 하지만 이러한 것들은 문명의 모든 것을 창출해내지는 못한다. 그리하여 진정한 문명이란 사람이 만물의 영장으로 인정받고 모든 것에 더욱 더 큰 행복을 가져다주는 데 기여하는 문명이다. 문명은 무엇보다도 "인간 내면에 있는 가치이지, 인간의 주변과 밖에서 발견되는 것 안에 있는 것"[80]이 아니다.

한편 아프리카 흑인들에게 자신의 문명에 대한 이러한 재인식은 자기 자신과 타자를 치유할 수 있다. 그것은 지하 노동, 부패, 소외, 식민 지배에 의한 아프리카 흑인들의 역사의 전면적인 부정 등과 관련해 미래의 아프리카 문화의 필요성을 입증해준다. 또한 그것은 민족의 마음속에 지성을 깃들게 할 수 있다. 그러나 우리는 문화를 통해서만 국가를 증명해낼 수는 없다. 국가는 신식민지 체제와 그에 따른 모순에 맞서 이끄는 투쟁 속에서 나타나야 한다. 이 경우 미래

의 방향을 세우고, 행동으로 이끌고, 희망을 다지려는 관점에서 과거를 참조해야 한다.[81]

2_ 아프리카인의 전통적 세계관과 사회관

 아프리카 전통에서 인간은 다차원적인 존재로 인식된다. 인간은 동포, 조상, 신, 그리고 우주의 다른 힘들과 관계를 맺고 있다. 역사의 온갖 부침 속에서도 이러한 생각은 근본적으로 크게 변하지 않았다. 아프리카 흑인은 혼자 고립되어 살지 않고 항상 타인들과 함께 산다. 그는 언제나 이미 타인과 함께 하는 존재로, 선조들과 후손들의 관계에 있어 '사슬의 고리'이다.

1. 아프리카의 가족

 부모와 자녀로 이루어진 핵가족은 아프리카 사회의 바탕을 이룬다. 하지만 인간의 삶이 확대가족, 씨족 즉 공동체 속에서만 의미를 갖는 한 이 핵가족은 아프리카 사회의 최종적 완성은 아니다.

기원적으로 모계 체제는 거의 대부분의 아프리카 흑인 종족들에게 사회적 지위, 혈통, 후계 계승, 유산 등의 분야에서 유지되고 있다. 이 제도는 결혼과 거주의 규율들에 상당한 영향을 미쳤다. 현재는 사회의 발달과 더불어 가부장제가 더 우위에 있다. 그렇지만 어떤 체계일지라도 가족의 권위는 남자들에 의해 좌우되지 여자들에 의해 좌우되지 않는다. 모든 혼인은 족외혼(여러 곳에서 부계 혈통 사이의 결혼은 금지되었다)이며, 남편의 친족과 동거하고 있다(부계 마을이나 이따금 모계 남자 형제의 마을에 거주지를 정하는 것은 남편이다).[82]

가정 안에서 여자는 어머니로 간주되었는데, 이는 그녀가 후손을 번창시킬 역할을 맡았기 때문이다. 그녀는 미래와 과거, 죽음과 삶 사이의 교차점이다. 그녀는 무덤인 동시에 부활, 부패인 동시에 생명력의 모호성을 간직하고 있다. 그녀는 만남 즉 인간 존재의 순환의 시작과 끝을 구현하고 있다.[83] 그리고 부부 중 신체적으로 더 강한 존재인 남편의 역할은 가정과 가족을 지키는 것이며, 부부의 지휘자이다. 이러한 역할 이해로부터 일의 분담이 생겨난다. 남편과 자녀의 채식菜食을 마련하는 의무를 진 아내에게는 힘은 덜 들지만 섬세함은 더 많이 요구되는 일들이 주어졌다. 그리하여 가사(카사바 뿌리, 벼, 밀을 빻는 일, 식사 준비, 빨래 ……)와 농사와 관련된 실무적인 일(경작하기, 씨뿌리기와 추수하기)은 아내에게 돌아가게 되었다. 위험이 따르는 일과 체력과 지구력을 많이 요구하는 일은 남편에게 돌아가게 되었다. 그는 가족에게 사냥감과 생선을 마련해주기 위해 사냥과 낚시를 했다. 또 종려나무를 타고 올라가 나무열매를 따거나 그것으로 술을 만든다. 일반적으로 들판에서는 남편이 나무를 자르고 땅을 일구며 아내는 씨를 뿌린다. 수확 때는 남자가 베고, 여자가 거둔다. 이러한 일의 구분은 경작과 수확의 계절적 상황에 따른다. 이러한 역할 분담은 매우 엄격히 준수되어 남자가 아내가 없을 때 식사를 준비하러 부엌에 들어가는 것은 사회적 시각과 본인의 시각에서 볼 때 도덕이 타락했음을 보여주는 것이었다. 그것은 모든 사내아이들에게도 마찬가지다. 사냥 이외에 가문 계절이면 종종 남자는 원치 않는 실직 상태에 놓인다. 그래도 남자에게 돌아오는 역할은 음식을 준비하고 남편이 일하는 동안 가져다주는 것에 대부분 만족하는 여자의 역할보다 항상 우월한 것이다.

이러한 일의 구분에 대한 무지는 여러 저자들로 하여금 전통 사회에서의 여성들에 대한 소위 형편없는 대접을 측은하게 여기게 만들도록 만들어왔다. 여성의 상황 — 그들이 지지하는 — 은 아주 종종 불행했다. 여성은 일부다처제를 받아들이는 것 이외도 매일 지독한 노예 생활을 견뎌야 했다. 모든 가사를 떠맡은 것은 여성이었다. 여성은 무릎을 꿇고 남편에게 얘기해야만 했으며 남편이 다가오면 곧바로 존경과 기쁨을 표하기 위해 손뼉을 치기 시작했다. 또한 월경을 하게 되면 남편과 아이들의 식사를 만져서도 또 앞에 나타나서도 안 되었다. 그리고 이 '불결한 일'이 끝날 때까지 밧줄로 머리를 가리고 있었다.

일반적으로 종교와 관련된 아프리카 사회의 몇 가지 특수한 관행(생리 기간 중의 처신과 같은 경우)에도 불구하고 여성의 상황은 우리가 종종 소개하는 것처럼 그렇게 나쁘지는 않았다. 아프리카에서 부부는 애정과 우정의 감정에 의해, 그리고 공동의 내밀한 유쾌한 삶에 의해 견고하게 결합되었다. 아내이자 어머니인 여자는 결코 다른 곳에서처럼 거세된 사람들에 의해 감금당하지도 감시당하지도 않았다. 아프리카 여성에게는 전적으로 이혼의 자유가 주어졌으며, 배우자는 생사여탈권을 행사할 수 없었다. 여성은 또한 결혼 이후 모든 개성과 권리를 유지했으며, 가족의 성姓을 유지했다.

아프리카 여성의 지위는 저 멀리 인도유럽어족의 여성보다 우월했다. 빈번한 이주에 순응해야 하는 삶에서 백인 여성의 경제적 역할은 거의 전무했다. 여성은 사실상 남편이 앞에서 끌고 가야만 할 짐이었다. 여성은 진정 출산의 역할만 수행할 뿐이었다. 여성은 남편과 합류하기 위해 자기 부족을 떠났지만, 남편의 부족은 모계제의 관습에 역행하는 급부를 요구했다. 남편의 부족 속에 자리 잡은 여성은 본래 가족과 관계를 끊으며, 이방인에 불과한 존재로 아무것도 물려받을 수 없었다. 게다가 경제적 열등함을 보상하기 위해 자신의 생사여탈권을 쥐고 있고 아내에게 가하는 온갖 처사에 대해 아무에게도(국가에도) 말할 의무가 없는 남편에게 지참금을 가져와야 했다. 남자는 아내를 팔기까지 할 수 있었으며, 그녀가 실제 죽을 것에 대비해 잠재적인 배우자를 선택할 수도 있었다. 정착 이후에도 인도유럽어족 여성은 오랫동안 시종을 데리고서만 외출할 수 있었기 때문에 남성들 특히 이방인들의 눈에 숨겨진 채 가려져 있었다.[84]

일부다처제에 관해 디오프는 그것이 어떤 민족에게도 특별한 것이 아니라는 점에서 엥겔스의 논리를 지지한다. 인도유럽어족 사람들에게는 잠재된 일부다처제가 존재했다. 여러 승리한 전쟁에서 전쟁에 나선 장수들은 막사와 침대를 젊은 여자 포로들과 공유했으며, 그녀들을 본국으로 데려가 부부의 연을 맺었다. 그녀들로부터 태어난 후손은 아버지 유산의 일부를 취했으며 자유인으로 간주되었다.

사람들은 본처에게는 정숙하게 있으며 남편에게 전적으로 정조를 지키며 이 모든 것을 참아낼 것을 기대했다. 여성에 대한 거의 종교적인 존경을 나타내는 일부일처제는 경제적 조건의 압력 하에서만 겨우 유지되었다. 결국 다른 곳에서처럼 아프리카에서도 일부다처제는 몇몇 사회 계층의 표지로, 도덕과 관계없이 이러한 향락은 능력을 지닌 경우에만 허용되었다. 따라서 일반 국민 계층에서는 보통 일부일처제가 원칙이었다.[85]

아프리카의 몇몇 지역에서 여성은 탁월한 사회적·정치적 역할을 수행할 수 있었다. 과거에는 여성들이 통치한 아프리카 국가들도 있었다. 여성에 의해 통치된 세계 최초의 나라인 에티오피아의 경우가 그러하다. 기원전 1,000년 경 히브리의 솔로몬 왕과 동시대인이었던 반#전설적인 사바의 여왕이 이 나라를 통치했었던 것이다. 그녀 이후 칸다스 여왕은 실제로 역사 속에 존재했다. 그녀는 이집트를 점령한 후 자신의 영토까지 차지하려 한 아우구스투스 황제의 군대(영광의 절정에 있었다)에 쓰라린 패배를 안겼다.[86] 마찬가지로 아프리카의 수많은 왕국과 제국들에서 군주제를 지속시키기 위해 매우 민감하고 필수적인 몇 가지 역할을 수행한 황태후에 대해서도 특별히 언급할 필요가 있다. 콩고민주공화국의 바쿠바족에게는 왕국 최초의 인물이 왕의 모친인 여성이었다. 왕국 최고의 권력층에서 여성들은 두 종류의 인물들로 대표되었으며, 그녀들은 원로회의에서 남성들의 숫자에 버금가는 자리를 차지하기까지 했다.[87] 우리 부족 — 바송에족 — 에게서 사람들은 오늘날까지 각 마을과 족장관할구역에서 정치적 활동을 하는 여성들을 발견할 수 있는데, 우리는 그녀들을 '은달라뭄바Ndalamumba'라고 부른다.

아프리카 전통에서 여성들이 한 역할을 좀 더 잘 이해하기 위해서는 이시스와 오시리스의 신화 이야기까지 거슬러 올라갈 필요가 있다. 이 이야기는 인류에게 두 가지 모습을 보여준다. 이시스의 오빠이자 남편인 오시리스는 증오와 죽음의 충동에 짓눌리는 인간 존재를 표상한다. 여성 인물인 이시스는 죽음보다 강한 사랑을 구현하고 있는데, 그녀는 인간에게 증오, 죽음, 그리고 다른 모든 악의 힘을 물리칠 수 있는 사랑의 비밀을 제시한다. 우리는 이시스에게서 구세주와 해방의 절대적 이상을 발견할 수 있다. 이집트의 흑인 전통에서 여성은 유대 기독교 전통에서처럼 인간의 추락 또는 타락의 원인이 되지 않는다. 대신 그녀는 무엇보다 인간이 그 안에서 해방과 구원을 발견하게 되는 사랑과 생명이다. 아프리카 신화에서 남성은 여성 없이는 되돌이킬 수 없이 쓸모없는 존재이다. 여성과 함께 해야 결정적으로 구원을 받으며, 자신의 차례에 구원자이자 해방자가 된다. 이것이 바로 아프리카 여성의 얼굴이 이시스의 그것처럼 부드럽고 온화하게 거부할 수 없는 힘으로 빛나고, 사람들이 언제나 거기서 신비로운 매력을 지닌 무언가를 발견하는 이유이다. 그것이 바로 오시리스 숭배의 바탕을 이루고 있는 진정한 의미였다.[88]

그럼에도 불구하고 남성은 가장으로 남았다. 그는 아내와 자녀들뿐만 아니라 형제자매들, 조카들과 손자들과 손녀들의 부양을 책임지고 보호해야 할 신성한 의무를 지닌다. 숙부와 숙모도 잊어서는 안 된다. 그는 배우자의 가족에 대해서도 마찬가지 의무를 지닌다. 대가족에 대한 이러한 책임은 그가 장자, 즉 '무톰보 쿨루mutombo kulu(키송에족의 모국어)'일 경우 더욱 중요해진다. 자녀들을 교육시키고 혼인시키며, 부족의 과부들을 관리하며, 시체를 매장하는 임무까지 마지막 결정권은 그에게 주어진다. 그는 가계의 중심인물이다.

남녀의 결합의 결실인 아이는 혼인을 통한 결합에 의미와 뜻을 부여해주는 존재 그 자체이다. 아이가 없는 가정은 아프리카 흑인들 눈에는 아무런 가치도 없다. 부부에게 아이가 없는 것은 결국 종종 파경에까지 이르게 되는 극히 끔찍한 일이다. 부부에게 첫 번째 재산이자 보석은 아이이다. 자손은 아프리카 흑인의 삶에서 기본적인 현실이다. 부성애(그리고 그것의 파생 명제인 모성애)는 흑인의 사유, '철학', 가시적이거나 비가시적인 세계에 대한 이해의 바탕이 되는 원칙이다. 그는 후손을 통해 영원히 살고자 한다. 따라서 자식을 남기지 않고 죽는다는 사실은 망자들의 최고의 고약함으로 간주되었다. 자손을 남기지 않고 죽는 것, 그것은 영원히 죽는다는 뜻이다.

바송에족의 경우 누군가가 후손을 남기지 않고 죽을 때는 불명예의 표지인 '마칼라Makala(목탄)'와 함께 매장되었다. 이것은 그가 자손을 남기지 않았다는 점과 무엇보다도 그러한 불임의 나쁜 기운이 더 이상 여성의 가슴 속에 부활하지 않고 다시 태어나도록 하는 것 — 그들의 신앙에 따라 — 을 의미하기 위해서이다.[89] 훌륭한 아내란 많은 자식을 출산하는 사람이며, 다른 나머지는 쓸데없이 덧붙여진 것일 뿐이다. 그렇지만 여기서 우리가 그러한 전통을 비난하는 이유는, 부부가 아이를 갖지 못할 때면 언제나 모든 책임을 여자에게 지우며 비난하기 때문이다.

결혼은 삶의 원천이다. 아이가 태어나자마자 부부는 역할뿐만 아니라 호칭까지도 변한다. 그때부터 그들은 아버지와 어머니, '야야yaya'와 '타보tabo'가 되며, 자신들의 이름으로 불리지 않고 항상 아이 이름으로 불려진다. 아내에게 있어 그리고 모든 사회에 있어서도 젊은 아버지는 더 이상 '호세'가 아니다. 바송에 사람들에게 그는 '샤예 나 로타shaye na Lota(로타의 아빠)'가 되며, 젊은 어머니는 더 이상 '크리스틴'이 아니라 남편을 포함해 모든 사람들에게 '은기나예 나 로타nginaye na Lota(로타의 엄마)'가 된다. 아이의 탄생은 부모를 영광스럽게 만들며 모든 사람들이 그들의 결혼을 가치 있는 것으로 여기게 만든다.

아이 교육은 부모뿐만 아니라 확대 가족, 다시 말해 공동체 전체가 떠맡게 된다. 이 점에 대해서는 다음 단락에서 상세히 논하기로 하자. 지금으로서는 이유기 이후부터 서서히 그리고 확실하게 아이는 이성異性의 부모(특히 아들과 어머니 사이)와 거리감이 생기고, 그리하여 동성의 부모와는 필수적으로 동일시되게 된다는 점을 염두에 두기로 하자. 한 아이의 내면은 무엇보다 동성의 부모가 최상의 주의를 기울여서 아이가 혼인할 때까지 보살핌으로써 이루어진다. 사회에서 아이를 보증하는 것은 동일한 성을 지닌 부모이다.

그곳에서 이루어지는 아이의 혼사와 교육은 공동체의 삶을 통해서만 보다 잘 이해될 수 있을 것이다.

2. 공동체 생활

아프리카 흑인은 고립되어 살지 않고 늘 부족(씨족) 속에서, 공동체 속에서 생활한다. 그의 삶은 공동체 안에서 그리고 공동체를 통해서만 의미를 갖는다. 그가 (서구적 의미에서) 사적인 생활을 가지지 않았다고 말하는 것도 과장은 아니다. 그에게 산다는 것은 늘 공동체와 함께 존재함을 의미한다. 타자 그리고 타인과 함께 생활하고 머무르고 존재하는 것은 타자를, 타인을 위한 것이다. 이러한 것이 아프리카인들의 주된 특징이다. 태어나서 죽을 때까지 혼인과 입문 의식을 거치면서 존재와 관련된 모든 행·불행의 사건들을 흑인들은 공동체 안에서 뿐만 아니라 공동체와 함께 보낸다.

혼인으로 다시 한 번 돌아가 보자. 아프리카에서 무엇보다도 삶을 영속시키고 시조 조상의 가계를 지속시키기 위한 방법으로 고안한 결혼은 절대로 두 배우자들 간의 개인적인 사건이 아니다. 그것은 늘 두 혈족 간의 동맹이다. 혼인은 아프리카인들이 이해하는 의미에서 최고의 수준과 차원으로 모든 부모들을 연루시킨다. 즉, 모든 부모들은 친가 및 외가의 백모와 백부, 손위 누나들과 형들, 남녀 사촌들, 조부모들을 포함한다. 혈속은 실녹을 바탕으로 한 가정을 꾸림에 따라 각 개인에게 매우 중요하다. 가정에서는 영속적인 방식으로 보호와 도움과 번영을 위해 필요불가결한 지지가 필요하다. 혈족이 이러한 기능들을 효과적으로 채우기 위해, 그리고 점점 더 굳건해지기 위해서는 구성원들이 다수여야 한다. 그리고 혼인이 혈족에게 그러한 구성원을 제공한다. 혈족 안에서는 마치 타향이기라도 하듯 너무 많다고 하여 아이를 집 앞에 쓰레기처럼 버리는 것은 생각할 수 없다. 부족의 아이는 부모를 매개로 조상으로부터 받은 생명력을 영속시키기 위한 것이다. 그리하여 아이가 원한다고, 그리고 그가 원하기 때문에 혼인하는 일은 받아들여지지 않는다. 부모의 사전 허락, 특히 아버지의 허락을 받아야 할 뿐만 아니라 딸을 실제로 혼인시키는 것은 아버지이다. 그는 자신이 원하는 혈족과 남편에게 딸을 준다. 아버지가 '모계 계약에 동의한다.' 딸의 교환에서 부족 공여자는 부족 수혜자로부터 다른 여자를 얻는다. 이 여자는 부족 수혜자 부인의 남동생들 중 하나, 또는 부족의 다른 일원과 결혼하게 된다. 이러한 결합을 '**교환혼인**'이라고 한다. 결점이 있는 경우 그리고 항상 있기 마련인 손해를 보상하기 위해 지참금을 사용한다. 상당한 가치의 재화를 원하는 여성의 가족에게 제공한다. 이 경우를 '**모계 보상 혼인**'[90]이라고 한다. 많은 곳에서 이 지참금은 거대 가족의 모든 구성원들이 감당해야 할 일이다. 미래의 남자 배우자의 부족 측에서는 미래의 여자 배우자 부족의 여러 구성원들에게 배분될 지참금을 모든 구성원들에게서 갹출한다. 어쨌든 이러한 지참금 마련 관습에서 장남에게 내려오는 과도한 몫이 가장 중요한 것은 사실이다. 약혼녀의 가족 측에서 때로 친부모는 대단한 수혜를 입지 못한다. 상당수 부모들이 딸의 혼인을 이용해 확실하게 부를 챙기고자 하는 현재의 경향과 반대되지만 지참금이라는 원래 관습은 늘 하나의 상징, 동맹의 증거였다. 게다가 여자 가족에게 준 지참금에도 불구하고 여자는 결코 남편 가족이 속한 부족의 구성원이 되지 못했다. 그녀는 그곳에서 개인적인 재화를 소유하는 자유를 포함해 늘 모든 자유를 누리며 사는 이방인으로 머물렀다. 이는 다음의 속담에 잘 표현되어 있다. '불룬다 부 쿠쿠Bulunda bu kuku', 즉 혼인은 우정이다.

아프리카인들의 혼인은 늘 두 인간 집단 사이의 동맹, 두 부족이 결합하는 계약으로 남아있다. 그리하여 혼인은 '**공동체적 그리고 사회적**' 특성을 갖는다. 혼인은 한편으로는 부부 간에, 그리고 각 배우자와 시부모들 간에 새로운 형태의 관계를 만들고, 다른 한편으로는 (아프리카인들이 사용하는 의미에서) 각자 부모들 간에 새로운 형태의 관계를 만든다. 두 가족 집단은 젊은 커플의 조화, 특히 둘의 결합에서 탄생할 아이들에 관심을 갖는다. 불행하게도 여자가 빠른 시일 안에 수태를 하지 못하면 부부 사이뿐만 아니라 두 가족 사이에도 긴장이 조성된다. 극단적인 경우 두 가족은 이혼을 강제할 수도 있다. 남자와 여자의 두 공동체는 총체적으로 혼인의 모든 단계에 개입한다.[91]

부인이 해산했을 때를 생각해보자. 그러한 경우 여자는 그녀의 부족과 남편의 부족뿐만 아니라 모든 사회의 배려의 대상이 된다. 임신 초 첫 2달 동안 사람들은 그녀에게 먹을 것, 물, 모든 필요한 도움을 준다. 그리고 초산일 경우에는 나이든 여자에게 마음껏 도움을 청할 수 있다. 후자는 한동안 전자를 위해 어떻게 신생아를 보살펴야 하는지를 가르친다. 임산부에 대한 도움은 쌍둥이를 낳았을 경우 거의 의무가 된다. 모든 마을은 그들(산모와 아이들)을 의무적으로 양육해야 하고, 7개월 동안 젊은 산부가 일하지 않고 집에서 머무를 수 있도록 도와야 한다. 이러한 의무적 품앗이는 모든 마을에서 일반적으로 행해진다.

공동체를 통해 이루어지는 흑인들의 삶을 잘 보여주는 두 번째 것은 아이 교육이다. 아프리카에서 어린이는 한 어머니, 아버지의 자식이 아니라 늘 부족의 아이이다. 모든 백부들은 아버지 역할을 하고 모든 백모들은 어머니 역할을 한다. 이들에게 다양한 동기로 실제적으로 분담금을 강제하는 만큼 더더욱 그렇다. 아프리카 아이들이 '아빠' 또는 '엄마'라고 부를 때 아버지의 남자 형제나 어머니의 여자 형제들은 사망, 질병 또는 장애시 아이들의 부모가 된다. 아프리카의 사회 구조는 친부모와 백모 및 백부와의 친밀도를 요구한다. 모든 것이 상호 의무감에 따라 이루어진다.[92] 이러한 관점에서 그들은 함께 교육한다. 아이들은 넓혀진 모든 가족에게 교육받고 심지어는 모든 마을 사람들에게 교육받는다. 그리하여 마을 아이들은 저녁마다 불 근처에 모인다. 그곳에서 조부모들, 즉 교육자들이 옛날이야기, 동화, 속담, 영웅담 등을 얘기하고 아이들에게 자신들의 경험을 나눠준다.

인간의 삶에서 중요한 시기 그리고 어린이로부터 어른으로의 이행기로 여겨지는 사춘기에 남자아이들은 강도 높은 교육을 견뎌내야 한다. 그들은 가족과 공동체로부터 분리되고 덤불 속에 은둔해야 한다. 덤불 숲 오두막집은 그러한 은둔 생활을 위해 세워졌으며, 그곳에서 아이들은 입문의식을 겪어야 한다. 그곳에서 사냥, 군사 활동, 온갖 종류의 직업 활동, 성적 경험을 겪어야 한다. 이 시기에 또는 이 시기보다 좀 더 일찍 남자의 포경 수술, 여자의 할례, 문신, 난절에 의한 방혈법이 이루어진다. 완전한 깊이를 갖기 위해 남자의 할례는 여성의 할례를 동반해야 한다. 이 두 가지 수술은 남자에게서는 여성다움을, 여자에게서는 남자다움을 제거하기 위한 목적에서 이루어진다. 고대인의 생각에 따르면 할례는 양성 중에 하나의 성적 특성을 극복하려는 목적에서 이루어지는 것이었다. 우리는 남녀의 할례가 어린아이를 부모의 성과 일치시킴으로써 종결된다고 확신한다.[93]

모든 교육과 입문의식은 아이 또는 청소년들에게 공식적으로 사회 집단에 들어오도록 하는 과정을 준비해 준다. 이 의식들은 한 개인이 아니라 부모와 조상들이 해야 할 일이었다. 그리고 대부분의 시간은 또래아이들 또는 같은 세대 그리고 유리된 개인이 아니라 (유럽인들이 사용하는 의미의) 가족 안에서 생활하도록 하는 목적에서

운용되었다. 모든 교육과 입문의식은 항상 죽은 조상의 혼에 대한 기원과 입문자에게 이익이 되는 생명력에 대한 기원을 동반했다. 따라서 입문은 입문자에게 이론과 실제를 총체적으로 알게 하고, 나이가 차면 공동체로 유입하고 또한 함께 생활해야 할 사람들의 집단에 끌어들이기 위한 것이다.[94]

우리가 관심을 갖고 있는 아프리카의 공동체적 삶의 또 다른 면은 노동이다. 노동은 필요한 것일 뿐만 아니라 관습이다. 아프리카 흑인들은 함께 일하기를 좋아한다. 그들은 무리지어 경작하고, 낚시를 하며, 사냥을 하고 추수를 한다. 우리는 어린 시절에 경험했던 유쾌한 장면들을, 특히 세 명의 여인들이 함께 노래를 부르며 카사바 속의 식물을 일구던 장면을 기억하고 있다. 아프리카에서 각자는 모두를 위해 일하고, 모두는 각자를 위해 일한다. 이러한 조건에서 이루어지는 노동은 모든 노동자들에게 진정한 즐거움을 가져다준다. 일례로 농업 분야에는 모두와 각자가 오로지 공동체 전체의 이익과 사유 경작지의 이익을 위해 경작하는 공동체의 경작지를 갖고 있다. 역할의 순환에서 모두 함께 각자의 이익을 위해 열심히 일한다. 마무리와 파종뿐만 아니라 수확은 가족을 위한 것이다. 이러한 공유와 포기의 '철학'은 자본주의적이며 이기적인 집적의 철학과 반대된다.

아프리카 사회에서 이러한 공동체 형태는, 특히 땅이나 강과 같은 생산수단은 공공재로 여겨졌다. 이를 공공 혹은 공동체 재산의 시대라고 한다. 대지는 완전히 공동체의 것이어서, 누구나 노동을 위해 일정 몫의 대지를 받았지만 누구도 그곳에서 자신에게 이익을 줄 것 같은 일을 자유롭게 할 수는 없었다. 경작자는 단순한 용익권자일뿐이었다. 신성하며 모두의 재산인 대지는 매매도 양도도 할 수 없었다. 어느 누구도 대지를 세속화할 수 없었다. 자본주의가 도입된 현재 사유재산의 경향이 강력하게 발전하고 있다. 땅의 양도(따라서 땅의 세속화)와 천연자원의 양도는 아프리카의 농부들과 서구 자본주의라는 2가지 대립되는 경제 부문의 출현을 야기했다. 이와 함께 우리는 공동체 사회가 점점 더 와해되고 공동체 정신이 쇠퇴하는 것을 목격하고 있다.[95]

아프리카 흑인들은 홀로 살 수 없다. 그들은 모든 힘이 결집된 거대한 사슬을 이루는 하나의 고리이다. 그는 손위 조상들과 조상들로 올라가는 가계의 최상부와 연결되어 있고, 밑의 모든 후손들을 지탱하고 있다. 아프리카 흑인들은 존재론적으로 부족에 속한 개인이다. 즉 실제로 다른 가족 및 부족 구성원과의 상호의존 속에서, 그리고 다른 생명 유지에 필수적인 세력과의 상호의존 속에서 살아가고 있다. 흑인들은 존재하고, 느끼며 자신을 사회적 존재 이상의 존재로 안다. 그들은 **공동체적** 존재이다.[96]

공동의 조상의 후손인 개인들은 가계家系를 이룬다. 즉 남자형제 집단은 유산 또는 조상의 유물에 대해 서로 맞물려 책임을 지고 공동으로 소유한다. 이렇게 혈연 공동체를 형성하고 공동체의 일원을 구성하는 사람들은 모든 상황에서 잘못을 범하지 않고 서로를 지지해주는 신성한 의무를 진다. 모든 사람의 화합을 목적으로 하는 절차들, 즉 혼인을 통한 동맹이든 피의 동맹이든 다른 외부 집단을 향한 일련의 우의적 관계 확대는 혈연 공동체에서 유래하고, 인간의 삶의 환경을 번영시킨다. 그러나 한 가정을 이루는 구성원들의 공동 책임은 종종 잘못 이해되어 때로는 극적인 상황이 빚어지기도 한다. 일례로, 개인적으로 빚에 시달리는 부족 구성원이 그것을 갚을 수 없을 때 다른 모든 구성원들은 그와 함께 연대 의무를 지며, 필요한 금액을 모아 그를 도와야 한다. 마찬가지로 이러한 가족의 한 아이가 살인을 했을 때 그의 부모, 남녀형제들은 그와 똑같은 수준으로 유죄가 된다. 희생자 부모는 처음으로 눈에 띄는 살인자와 혈연관계에 있는 아무나 죽여 복수할 수 있다.[97]

물론 친족이 복수를 하는 행위는 오늘날까지도 존속하고 있다. 그러나 그러한 행위는 모든 관점에서 평가할 수 없을 만큼 비이성적이므로 영원히 척결되어야 한다. 마찬가지로 아프리카인들의 연대 행위와 관련되어 있는 상당수의 의존적 생활과 가족주의를 알아야 한다. 사회가 자신들을 거부할 수 없다는 사실을 이용하는 상당수의 사람들 — 물론 드물겠지만 — 은 허송세월을 할 수 있고, 철저하게 타인에게 의존적인 생활을 할 수 있있나. 또 다른 가족 구성원들의 삶을 위험에 빠트림에도 종종 격리되지 않는 여러 전염병자를 퇴출시켜야 한다.

결국 흑아프리카적 사고방식은 연대의식과 공동체 정신에 의해 깊이 각인되어 있다. 이러한 공동체, 즉 '우리'의 중요성은 언어에서조차 도처에서 느껴진다.

언어를 분석해보면 개인성보다는 공동체가, '나'와 '너'보다는 '우리'가 우위를 갖고 있음이 잘 드러난다. 예컨대 키송에어로 x라는 사람이 y라는 사람에게 말할 때 "우리가 너와 함께 갈 거야"라고 말하지 "내가 너와 함께 갈 거야"라고는 결코 말하지 않는다. "나는 그 또는 그녀와 이야기한다."라고 절대 말하지 않으며, 대신 "우리는 그 또는 그녀와 이야기한다."라고 말한다. 대화는 결코 '나'와 '너' 사이의 대화가 아니라 '우리'와 '너' 또는 '우리'와 '그' 또는 '그녀' 사이의 대화, xy와 y 사이, 결국 우리와 각자 사이의 대화가 된다. 이러한 의미에서 '우리'는 x와 y의 통합성을 구성한다. 마찬가지로 아이가 어머니나 아버지, 형에 대해서 말할 때는 나의 어머니, 나의 아버지, 나의 형이라고 말하지 않고 우리 어머니, 우리 아버지, 우리 형이라고 말한다.

철학적으로 이러한 통사론적·의미론적 현상은 '나 – 너'에 대한 '우리'의 우위를 나타내는 지표로 해석될 수 있다. 트시아말랑가 Tshiamalenga가 상호주관성에 대해 '상호성bisöité'(우리는 이것을 '우리성atuëité'이라고 부른다)이라고 부르는 것이 우위를 보이는 것이다. 아프리카인들의 언어에서 첫 번째 가는 것은 — 그들의 삶의 방식에서와 마찬가지로 — 개인도 개인성도 아닌 상호성, 우리성 또는 인간의 사회성이다. 바로 '우리', 렝갈라lingala어로는 'biso', 키송에어로는 'atue', 트실루바tshiluba어로는 'tetu'이 그것이다. '상호성bisöité', '우리성atuëité', '사회성tetüité'은 'ngai-yo', 'ami-obe', 'meme-wewe'(프랑스어의 나 – 너)에 대한 'biso', 'atue', 'tetu'(프랑스어의 우리)의 우위, 상호주관성에 대한 사회성 또는 공동체성의 우위를 나타낸다. '우리'는 존재론적으로 '나 – 너'에 앞선다. 아프리카 언어들에서 이러한 '우리'의 우위성은 의사소통 방식에 대한 사후적 사고의 결과가 아니라 반대로 의사소통 방식의 구성 요소이다. 분명히 흑아프리카인들 사이의 관계는 결코 서구식의 독자적인 두 주체 사이의 관계라는 의미에서 상호주관적인 것이 아니라 오히려 사회주의적이거나 공동체적이다.

공동체가 어디서나 항상 우선이다. 사회 갈등의 해결 차원에서조차도 공동체의 이익이 개인의 이익에 우선한다. 어느 마을에서 분쟁이 터지면 관습에 따라 공개토론의 틀 내에서 대중 앞에서 논의되고 비판받는다. 공개토론은 일종의 자기비판이었고 지금도 그러한데, 그것을 통해 모든 개인과 사회 전체는 함께 긴장 완화나 사회적 평화, 파괴된 사회적 균형의 회복을 모색했다.

진정한 흑아프리카인들은 공동체의 의미를 안다. 그들은 집단적 삶과 행동을 즐긴다. 그들은 함께 있는 자와 없는 자, 산자와 죽은 자들과 늘 연결되어 생각하고, 일하고, 먹고, 기도하고, 즐기고, 죽은 자에 대해 함께 눈물 흘리고 매장한다.

이러한 집단적 삶의 방식, 공동체주의 ― 이것이 우리 연구의 핵심이다 ― 는 자본주의적인 개인주의 정신과는 근본적으로 대립된다. 모든 아프리카인 사상가와 아프리카의 사상가들은 이 점에 동의하고 있다. 이들 모두의 의견에 따르면, 흑아프리카의 정서 속에서 개인은 독자적으로 고려되는 것이 아니라 항상 동일한 실체를 가진 집단과 연결되어 고려된다. 집단은 개인에게서 개인성을 앗아가는 것이 아니라 인성을 만들어준다. 현실에서 개인과 집단은 상보적이다. 개인도 집단도 독자적이지 않고, 집단을 구성하는 개인 없이는 집단이 있을 수 없고 소속된 집단 없이는 개인 또한 존재하지 않는다는 의미에서 그들은 제각각이나 서로를 위해 존재한다.[98]

그런데 바로 여기서 관점이 갈라지는데(이것을 두 개의 범주로 묶을 수 있을 것이다), 공동체주의와 집단주의 사이의 관계에 대해서 그러하다.

엘룽구에게 있어 인간의 삶은 근본적으로 개인과 사회 사이의 연결 부호이다. 인간의 삶은 개인 속에서도 개인들의 집합체 속에서도 고갈될 수 없다. 세상을 보는 관점의 표현으로서의 사회 문화는 개인적 미덕 위에서 만들어지는 것도 집단의 미덕에 의해 정당화되는 것도 아니다. 개인과 집단이 조화롭게, 지속적인 방식으로 조화롭게 공존하는 태초의 융합이 늘, 이미 존재해왔다. 이런 관점을 통해 전통적인 흑인들은 개인주의자도 집단주의자도 아니었다는 생각에 이르게 되는데, 왜냐하면 개인은 집단과 동일한 실체를 갖고 있고 개인의 삶은 바로 집단의 삶이기 때문이다. 그들은 공동체적이다. 그들이 사는 방식, "이 공동체 정신은 집단주의와는 관련이 없다. 우리는 공동체 정신이 집단주의와 개인주의보다 더 이전의 형태라고 말해야 할지도 모른다. 이 사회에서처럼 개인들이 있었고 물론 개인의 활동이 있었다. 단 개인의 활동은 일반적으로 공유되었다."[99]

반대로 디오프에게 있어 아프리카에서 각 개인은 집단적 삶 또는 공동체적 삶 속에서 항상 타인 및 이웃과 사회적으로 상호의존적이라고 느꼈고, 그리하여 개인의 의식과 자유는 종속되어 있었다고 할 수 있다. 이것은 각자가 타인의 인성에 대해 물질적·윤리적 권리가 있다고 상호적으로 느꼈음을 의미한다. 이웃에 대한 사랑, 타인을 위한 희생은 아프리카 사회에서 지극히 일상적인 모습들이다.[100]

흑아프리카의 삶의 방식은 집단주의와 전혀 다를 바가 없는 것이었는데, 이러한 집단주의는 농경 사회의 정착 생활에서 나온 당연한 결과이다. 자연 현상에 함께 대응하기 위해서는 집단으로 살아야만 했고, 개인을 넘어서는 강력한 중심 권력이 노동을 조정해야 했기 때문이다. 애국심이 집단에 종속되어 있던 각 개인에게 활기를 불어넣고 이들의 행동을 인도했다. 사적 재산이나 개인의 재산은 공공의 재산이나 공동의 재산에 종속되었다. 이것은 공적 권리에 대한 사적 권리의 종속을 야기했다. 그런데 이 공동체에서 개인은 무시할 만한

소량에 불과했는데, 왜냐하면 사회는 각 개인의 인성의 개화를 엄격하게 감시했기 때문이다.[101]

이러한 공동체와 관련해 마르크스는 공동체가 자연과 인간의 완성된 동일-실체라고 생각했다. 거기서 삶은 타인을 위한 존재이자 자신을 위한 타인의 존재로서 나타난다. 거기서 인간의 자연적 존재는 인간적 존재로 변모된다. 자연에 순응하며, 인간이 자기 삶의 발전과 의식적인 쾌락에 도달하고 진정한 지복을 얻을 수 있는 것은 바로 다른 사람들과 함께하는 공동체 속에서 공동체를 통해서만 가능하다. "개인이 모든 의미에서 자신의 능력을 발전시킬 방법을 얻는 것은 공동체 속에서만 가능하다. 따라서 개인의 자유가 가능한 것도 바로 이 공동체 속에서이다. 진정한 공동체 속에서 개인은 개인들 간의 결합 속에서, 그러한 결합을 통해 자유를 얻게 된다. 개인은 항상 자신들에게서 출발하지만 자신들의 조건과 주어진 역사적 상황의 틀 내에서 자연스럽게 자신들로부터 출발하는 것이지 관념론자들이 의미하는 '순수한 개인'에서 출발하는 것이 아니다."[102]

어떻게 해서든 공동체주의를 집단주의와 대립시키려고 하면서 엘룽구는 이 둘을 더욱 더 근접시키는 것처럼 보인다.

마르크스가 집단주의나 공동체주의에 대해 발전시킨 사상에 대한 분석, 아프리카 사상가들의 다양한 견해들, 시골에서 겪은 우리의 경험, 그리고 우리가 위에서 길게 전개한 다양한 고찰들, 이 모든 것을 고려해볼 때 아프리카의 공동체주의는 마르크스주의적 집단주의보다는 자본주의적 개인주의와 멀어진 걸로 보인다. 공동체주의나 집단주의, 공산주의를 특징짓는 것은 타인의 노동에 대한 착취에 기반을 둔 사회 갈등은 어디에도 없지만 집단적이거나 공동의 연대의식이 존재한다는 것에서 찾을 수 있다. 이러한 체제들을 지탱하고 있는 것은 바로 생산력이 사회 구성원 전체, 즉 모두의 재산이 되고, 되어야만 한다는 사실이다.

우리 아프리카의 본질은 우리가 모두이면서 각자로, 서로서로를 위해 존재한다는 점에 있다. 우리 각자는 타인에 의해서만 그리고 타인을 위해서만 진정으로 존재한다. 우리는 우리가 모두이면서 각자로, 서로서로를 위해 존재한다는 점에서, 각자는 타인을 위해 노동한다는 점에서만 평등하다. 존재, 삶, 노동은 아프리카 흑인에게 있어 집단으로 겪은 연대감과 나눔을 통해, 그러한 나눔 속에서만 현실적으로 의미를 갖는다. 이러한 사상들은 마르크스에 의해 전개되었지만 이미 전통적인 아프리카에서 체험한 것이기도 하다.

아프리카인들이 오늘날 추구하는 것은 예전처럼 사회 속에서 모두가 함께 자신들을 발전시킬 수 있고, 자신들의 필요, 성향, 동기를 만족시킬 수 있는 최적의 조건을 찾는 것이다. 우리의 가장 뜨거운 열망은 사회가 각각의 개인에게 행복에 다다를 수 있는 가능성을 제공해주는 것이다. 우리의 근본적인 욕망은 바로 평등, 연대의식, 이익의 통합에 기초한 공동체를 다시 만드는 것이다. 그것은 바로 사회주의이다.

모든 것을 고려해볼 때 아프리카의 공동체주의자는 전혀 개인주의자들이 아니고 일부 필자들이 주장하는 것처럼 집단주의자들도 될 수 없을 것이다. 어쨌든 결국 위에서 전개한 것으로부터 출발해보면 그들은 이미 사회주의자들이었다. 그들에게 있어 개인과 공동체는 변증법적 관계에 있지만 공동체의 이익이 개인의 이익에 우선하면서 집단이 항상 개인에 우선해왔다. 은크루마는 아프리카의 공동체주의가 원시적인 공산주의에 속한다고 주장하기까지 한다.

이 두 체제 사이의 커다란 차이점을 보면, 공산주의(마르크스주의적 의미에서의 집단주의)가 공동의 삶을 지상에서 존재하는 삶으로 한정하는 반면 공동체주의(아프리카의 집단주의)는 저 너머로까지, 현대의 기술 문명에서 벗어나 있는 삶의 진정한 내면으로까지 삶을 확장한다는 것이다. 아프리카의 연대의식은 어떤 계산에 토대를 둔 과학적 연대의식이 아니라 핏 속에 흐르는 연대의식이며, 본질적으로는 인간의 온기와 자발성에 토대를 둔 체험적 연대의식이다. 흑아프리카에서 행해지는 있는 대로 연대의식은 확실히 이러한 의미에서 과학적 사회주의를 풍요롭게 하는 데 기여할 수 있다. 따라서 공동체주의와 집단주의 사이에 동일성이 없다고 하더라도 결국 이 두 체제 사이에는 차이점 보다는 유사성이 더 많다고 할 수 있다.

3. 정치 제도

거의 대부분의 저자들이 식민화 이전의 아프리카에 진정한 발전이 있었다고 인정하는 분야가 있다면, 정치 사회 조직이 그중의 하나이다.

권력(왕권)은 신에게서 나온 것으로 간주되며, 왕은 모든 생명체 중에서 가장 강력한 생명력을 소유하는 존재여야 한다. 그는 가장 힘이 세고 건강하며, 그의 신성한 의무는 모든 신하들의 안락과 모든 씨족들 간의 화합을 도모하는 것이다. 디오프에 의하면 아프리카의 왕은 신성한 본질과 역할의 활력으로 인해 북유럽의 왕과 구분된

다.[103]

　권력이 성스러움과 관련되어 있다는 사실은 아프리카만의 특수성은 아니다. 여러 민족들의 역사를 분석하면서 불현듯 깨닫게 되는 것은 종교 현상은 결코 고립된 현상이 아니라 늘 정치에 연루되고 얽혀왔다는 사실이다. 오래전부터 정치권력은 종종 초월성의 뒷받침과 정당화를 추구해왔다. 모든 권력은 신에게서 나온 것이라는 것이 그것이다. 이집트에서 파라오는 종종 살아있는 신, 호루스Horus의 화신, 아몬 라Amon Ra의 아들로 간주된다. 칼데아인들에게는 엔릴Enlil 신의 사제가 바로 왕이었다. 유대인 사회에서 권력은 성직자 계급에 속했다. 로마 황제는 정치적 군주였을 뿐만 아니라 신성으로 인해 명예와 숭배의 대상이었던 신이 되려고 무진 애를 썼다. 황제는 죽고 나서 신적 존재divus로 공표될 수 있었으며, 그를 기념해 신전이 세워지고 사제들은 그를 위해 예배를 드릴 수 있었다. 콘스탄티누스 황제의 개종 이후 기독교는 빠르게 국교가 되며, 프랑스대혁명까지 정치가와 종교인의 관계는 갈수록 더 강화된다.[104]

　바송에족에게 있어서 비록 도시는 귀족을 측근으로 둔 '음푸무mfumu(족장이나 왕)'에 의해 통치되고 있음에도 불구하고 정치적으로 중대한 결정들은 대부분 '부키쉬bukishi'라는 종교 단체에 의해 내려졌다. 종교와 마찬가지로 정치적으로 최고의 권력을 보유했던 이 단체는 이 민족의 정치 체제의 특수한 양상이다.[105] 모든 아프리카 흑인들에게 있어서 정치적 삶은 수많은 방식으로 종교와 연결되어 있었다. 한 씨족이 어딘가 정착했을 때 지도자는 족장, 재판관, 사제라는 삼중의 역할을 동시에 수행했다. 아프리카 족장의 진정한 본질을 이해하려면 그가 맡은 임무의 종교적 기반을 고려해야 한다. 물론 그의 위상은 모든 곳에서 동일하지는 않다. 그가 원로 전체의 이름으로 행동하는 단순한 집행 기관에 불과한 곳이 수없이 많았다. 이 경우 그가 맡은 역할의 종교적 기반은 문제되지 않는다. 하지만 이 족장은 자신의 직함으로 인해 종교적 의무를 지키며, '물신' 숭배 의식을 떠맡는다. 그리하여 신권 족장과 신격화된 족장이 구분된다. 두 번째 경우에는 족장이 몇 가지 종교적 임무를 수행한다. 그는 기도하고, 여러 '마술적' 행위를 하며 심지어는 제물을 바치지만 그의 특성은 자신의 몸과 역할이 자신의 선조이며 신과 함께 하도록 만든 신화적 조상들의 능력과 불가분의 관계를 맺고 있다는 점에 있다. 어떤 점에서는 일정한 계율을 요구하는 법이 그에게서 구현된다. 그러한 왕은 자신의 통치를 받는 백성들의 안락을 위해 많은 희생을 하게 된다. 일부 지역에서 그는 대다수 사람들에게서 은폐되며, 극히 일부 사람들과 접촉할 뿐이다. 은밀하게 살면 살수록 그는 우주의 법칙을 따를 수 있다. 그의 인간적 권력은 종종 제식적인 임무 뒤로 사라졌으며, 통치했던 것은 실제로 궁정의 다른 조신들이었다.[106]

족장이나 왕은 죽은 왕이나 족장 가족 출신의 후계자이다. 아프리카에서는 지명이나 임명을 통해 족장이 되지 않고, 다만 우발적 사고로 인해 연장자가 죽게 되면 서임을 통해 승계가 이루어진다. 하지만 일단 서임이 되면 족장은 산자와 죽은 자 사이에서 자신의 위상을 상위 단계로 끌어올리는 생명력이 내부적으로 증가한다는 점에서 실제로 '음푸무'가 된다. 실제로 그는 존재론적으로 자신의 권력 아래 위치한 모든 다른 힘들을 강화시킬 수 있는 새로운 생명력을 얻게 된다. 새로운 역할에 따라 왕이나 족장은 자신의 행동과 삶의 방식을 근본적으로 변화시켜야 한다. 그는 사실 '문투 무피아

muntu mupia(새로운 인간)', 곧 '예전에는 인간적 자질에 속하지 않았던 새로운 힘을 부여받은'[107] 새로운 인간이 된다. 그는 사실 모든 신하들의 아버지, 보호자, 중재자가 된다.

고유한 의미에서의 정치 사회 조직에 관해 말하자면, 아프리카에서 사람들은 보통 씨족이라는 가족 단위로 구성된 인종 집단들로 재편되어 있었음에 주목하자. 이러한 단위들의 구성은 언어와 동시에 거주에 따른 것이다. 이들은 기본적인 가족 구조와 인종적인 정치 조직 사이의 과도기적 단계를 구성하고 있었으며, 여전히 구성하고 있다. 최소 지역 단위와 정치 조직의 초석으로서의 각 마을에서 유력자는 관련 가계家系의 '연장자들'이었으며, 마을의 족장은 마을의 계족系族에 속하는 모든 노인들 중에서 연장자가 맡았다. 여기서 정치 행위는 혈통의 경계를 넘어서는 갈등, 특히 두 개의 서로 다른 씨족들을 대립시킨 갈등을 해결하기 위한 위계질서를 세워나가는 데 있었다. 마을들 위로는 족장관할구역이 있었는데, 이는 마을 공동체들 간의 토지 분배에 관한 분쟁을 조정하기 위한 것이었다. 각각의 족장관할구역에서는 마을의 족장들 중의 연장자가 상위에 위치했다. 족장관할구역 내부에 위치한 모든 마을은 복종과 채무를 인정한다는 표시로 관할구역 족장에게 공물을 바쳐야 했다. 족장에게 바칠 공물 중에서 '보통의 공물'과 '고귀한 공물'이 구분되었는데, 전자에는 채집과 농업, 수렵과 어업의 산물들이 들어있으며, 후자는 정치권력과 위신을 상징하는 재화들로 구성된다. 후자의 예로는 코끼리 상아의 뾰족한 부분, 표범 가죽, 맹수의 송곳니, 독수리와 같은 몇몇 새들의 깃털 등을 들 수 있다. 족장관할구역의 지도자는 해당 구역의 상징이자 대변자였으며, 여러 종교적 의무를 수행했지만 정치적 의사결정에서의 역할은 아주 시시했다. 그럼에도 불구하고 족장 관할구역 조직은 고대 아프리카에서 가장 일반화되고 고전적인 정치 구조가 되었다. 그것은 왕국이나 제국 이전에, 고대 아프리카 국가들이 형성되기 이전에 존재했다. 그것은 이 모든 정치 구조 내부에서도 존속할 것이기 때문에 왕권에 따르는 족장관할구역들은 새로운 조직 안에서 단순히 왕국의 '관할 주'라는 지위만을 획득하게 되었다.[108]

은데이웰Ndaywel은 정치적 실천의 복잡성의 정도에 따라 몇 가지 층위를 도출해낸다. 우선 정치적 실천의 배분이 (마을 족장에 의해 통치되는) 마을과 (주 통치자나 촌락 집단의 족장에 의해 관리되는) 마을, 관할구역, 주의 연합이라는 두 층위에 국한되어 실행될 때 우리는 '족장관할구역'이나 '영주관할구역'에 놓이게 된다. 그리고 정치적 실천의 배분이 앞의 두 층위를 넘어서서 새로운 정치적 위계에 따르는 제3이나 심지어는 제4의 층위를 포함할 경우 '왕국'이나 '제국'에 놓이게 된다. 여기서 족장은 전체 집단의 수장이며, 왕이거나 황제이다. 왕국과 제국은 사실 동일한 내부 정치 구조, 다시 말해 어쨌든 좀 더 구조화되고 중앙집권적인 권력을 갖는다. 하지만 왕국보다 훨씬 더 광범위한 제국은 내부에 여러 왕국을 수용할 수 있었다. 그렇게 해서 가령 중앙아프리카의 룬다Lunda 제국은 카젬베Kazembe, 키암푸Kiamfu, 음완트 야브Mwant Yav 등의 왕국을 포함하고 있었지만 제국의 공동 관리는 늘 후자인 음완트 야브 소관이었다. 설사 왕국과 제국이 아프리카 사회의 발전과 관련된 정치 조직의 최종 단계로 보인다 하더라도 그것들은 우발적으로 발생한 역사적 사건의 결과였다. 왕국과 제국이라는 국가 단위의 구조는 민족 집단 조직의 연장성이 아니며 모든 민족 집단이 왕국으로 바뀌지는 않았다. 더욱이 특히 고대 콩고의 어떠한 왕국도 단일 민족을 토대로 형성되지 않았다.

따라서 족장관할구역과 왕국 또는 제국은 두 개의 상이한 논리에 따르는 두 개의 뚜렷한 현실로 남는다. 관할구역의 권력은 물질적 기원을 갖는다. 씨족의 족장이나 고관은 무엇보다도 토지 소유자인데, 바로 거기서 그의 권력이 생겨난다. 왕의 권력은 오히려 비물질적인 질서를 필요로 한다. 종종 자신의 토지를 소유하지 않는 왕은 자신의 권력을 초자연적 힘에서 끌어낸다.[109]

전통적인 의식 구조에서 왕은 '초인'이나 '인간 이상의 존재', 즉 초자연적인 수단들을 사용하며 이를테면 조상들의 생활방식을 공유하는 인물로 간주되었다. 그는 모든 백성을 보호하고 모두의 행복과 번영을 보장해줄 신성한 의무를 지니고 있었다. 그는 수확과 사냥이 풍성하며 여인이 수태하도록, 그리고 모든 백성이 전염병에 걸리지 않고 아주 건강하도록 신경을 써야 했다. 모든 자연재해는 왕이 진노하거나 소홀히 해서 일어난 것이었다. 바로 거기에 군주의 성스러움에 대한 주장이 들어있다. 모든 인간 위에 군림하는 그러한 군주는 인간들을 지배만 해야 했으며, 탈선행위를 했을 경우 왕족 내부에서 유사한 힘을 지닌 사람에 의해서만 쫓겨날 수 있었다. 이러한 관념에 따라서 늘 왕은 원칙적으로 완벽하고 잘 생기고 생식 능력이 있으며, 인내심이 강하고 군대를 통솔할 능력이 있는 인물이었다. 이러한 자질을 존중하지 않았던 어떠한 왕-후보자라도 자동적으로 왕위계승 경쟁에서 밀려났다. 그래서 육체적으로나 정신적으로 장애가 있는 사람들은 품행이 경솔한 사람들과 마찬가지로 이러

한 직책을 열망할 수 없었다.[110]

전통 권력의 특징 중 하나는 군주제적 특성이다. 지상권至上權은 원칙적으로 군주에 속하며, 이 권력은 왕이 신과 조상들 곁에서 백성과 모든 공동체를 대표한다는 점에서 신성한 것이었다. 하지만 군주는 자신의 대권을 백성에게 이익이 되는 한에서만 행사할 수 있었으며, 반대의 경우는 아주 종종 폐위와 추방을 가져왔다. 따라서 그는 자신의 역할을 수행할 때 늘 일군의 인물들로 둘러싸였다. 사회학적으로 그리고 실천적으로 통치했던 것은 늘 일군의 무리였다. 하지만 우리는 성스러운 것이 족장이라는 직책이지 족장 자체는 아니라고 생각한다.

고대 아프리카의 모든 제국과 왕국은 영토의 정치적·사회적 관리에서 여러 황제와 왕들을 보좌하는 정부를 갖고 있었다. 중앙아프리카의 고대 로앙고Loango 왕국에서는 정부에 여러 장관이 포함되어 있었는데, 그들 중 주요 장관은 다음과 같았다.

1) '마-은고보Ma-ngovo' 또는 외무성 장관은 모든 외국인들을 왕궁으로 안내하는 사람이다.

2) 외무성 장관과 협력해 부재 시 그를 대리하는 '마-음푸투Ma-mpoutou'는 실제로 외무성 차관 역할을 한다.

3) '마-카카Ma-kaka' 또는 육군성 장관이자 군 참모장은 장교들을 배속시키고 군대를 전장으로 이끄는 일을 맡는다.

4) '마-푸카Ma-fouka' 또는 상무성 장관은 말하자면 시장의 치안 유지를 담당하는데, 해안 지역을 자주 방문해 해외 지점을 감독하고 상거래법을 엄격하게 준수하는지를 감시한다.

5) '마-킴바Ma-kimba' 또는 산림치수 장관은 어부와 수렵가들을

관리한다. 왕에게 바치는 물고기와 사냥감은 그에게 전달된다.

  하지만 이러한 장관들은 고유한 의미에서의 사무실도 없었고 초창기에는 문통文通의 전통도 없었다. 그들은 온갖 업무가 발생하는 대로 잊지 않기 위해 즉석에서 신속하게 처리했다. 그들은 각자의 일을 하면서 영리한 노예와 서기들의 도움을 받았는데, 그들을 통해 왕의 뜻을 담고 있는 메시지를 도시, 주, 특정 개인에게 보냈다. 주에서는 왕을 대신하는 총독에 의해 관리가 이루어졌다. 각 마을은 족장에 의해 운영되었는데, 그는 또한 왕의 조신이었고 왕의 이름으로 정의를 구현했다.[111]

  여기서 두드러지는 특징은, 아프리카 전역에 걸쳐 통치권 또는 추장의 권력 행사에서 독재적인 관행이 거의 없다는 점이다. 추장은 왕국을 구성하는 대표자들이 살고 있는 마을의 모든 혈통의 수장들의 부족회의에 참여했다. 이론적으로는 왕이 절대 권한을 행사하지만 실제적으로는 왕의 권력은 종종 추종자들에 의해 지지를 받고 있는 왕의 형제들과 왕이 폭군이 되는 것을 막으려는 백성들에 의해 약화되었다. 왕이 죽으면 모든 지도자, 즉 왕국의 모든 관료는 새로운 왕에 의해 부여된 임무를 수행하기 위해 교체되거나 재임명되었다. 지도자 직위는 세습되지 않았다.[112]

  아프리카 대부분의 왕국 또는 제국에는 입헌군주가 존재했다. 왕의 계승자는 선왕의 가족으로부터 세습되었다. 그러나 이러한 계승이 자동적으로 이루어진 것은 아니었다. 왜냐하면 계승자는 4~5명으로 구성되고 부추장이 관장하는 '선거인단'에 의해서 간택되어야 하기 때문이다. 물론 부추장은 왕가王家 출신이 아니며 평범한 가문 출신이다. 부추장이야말로 그에게 권한을 위임해준 국민과 시민의 대표였다. 부추장과 다른 정부 관료들은 왕의 씨족이 아닌 사람들, 즉 하류층 그리고 노예 중에서 선택되었다. 그리고 각각의 전문적인 계층은 자신의 대리인을 거느렸다. 디오프에 의하면 이러한 아프리카 군주제는 이미 '입헌적'이었던 것이다.[113]

아프리카의 마을, 족장관할구역 그리고 왕국에는 합의의 추구로 특징지어지는 민주주의 형태가 존재했다. 그것은 누구도 '실존적인 것으로' 인정하지 않는 민주주의이다. 이러한 아프리카의 민주주의, 그것은 나무 아래에서의 집회 기술을 통해 합의를 통한 조화를 지속적으로 추구하면서 추장 또는 왕 주변에서 단결하는 것이다. 물론 아프리카의 집회는 항상 모순되는 논쟁으로 이어졌다. 공개적으로 말하기도 하고, 장황하게 연설하기도 하고, 격렬하게 토론하기도 한다. 그러나 중요한 목적은 사회적 균형을 재건하는 데 있기 때문에 결정은 한 번의 만장일치로 이루어지거나 또는 최소한의 합의로 충돌 사태를 벗어났고, 계획은 검토되었다. 이러한 집회는 항상 설득력 있고 교육적인 목적을 갖고 있었다. 아프리카의 전통 사회에 존재하는 민주주의는 다수결로 이루어지는 서구의 대립적인 민주주의와 달리 전체를 위해 만들어진 합의 민주주의인 것이다. 합의는 아프리카의 본질로 남아 있다.[114]

몇몇 전문가들에 의해 아프리카 대륙은 식민화 이전의 경제가 호구지책 수준에 머물렀던 곳으로 간주되고 있다. 개인은 자신에게 필수불가결한 것만 생산하도록 제한되었다. 교환관계에 있어서 개인들은 물물교환만 할 수 있었고, 화폐, 신용, 부의 축척 등의 개념은 개인들에게 있어 생소한 것이었다. 물론 교환이 존재한다는 것을 알고 있었고 아프리카 제국 주변부에 위치한 여전히 후진적인 몇몇 부족 집단에는 실제로 존재했으나 현재적 의미에서의 시장 개념과는 비교도 되지 않았다. 하지만 아프리카 제국 내에는 이미 현대적인 다른 유형의 상업 활동이 존재했다. 시장이 서는 동안에 화폐를 사용한 서아프리카 무역에서는 아주 엄격한 관세 제도를 가진 매우 특성화된 집단들이 존재했다. 화폐로는 소금, 가루 금, 지역에서 만들어지거나 수입된 동전 등이 사용되었다.[115]

현재 아프리카에는 서구의 현대적 정치·행정 조직과 전통 권력이라고 하는 조직이 공존하는 이중적인 구조가 존재한다. 이러한 이원성 또는 '쌍두체제'는 두 체제가 다른, 그리고 완전히 상반되는 세계관에 의거하고 있다는 사실로 인해 자주 혼돈을 초래하고 있다.

우리가 방금 설명한 사회적·경제적·정치적 조직은 간결하게 제시해야 했지만 흑인의 전반적인 세계관에 따른 것이다. 우리는 또한 효율성과 명료함을 위해 반투어족의 존재론에 아래의 분석을 한정할 것이다.

4. 반투어족의 존재론

모든 아프리카 흑인들처럼 반투어족도 존재에 관한 자신들의 생각과 신앙과 종교적 실용성, 관례와 풍습, 제도와 행동 속에 내포된 세계와 존재에 대한 자신들의 특수한 개념을 갖고 있다. 탕펠이 '반투어족의 존재론'이라고 하는 것은 세계관의 총체를 가리킨다.[116] '개화된' 아프리카인들과 지식인들의 백인 모방과 동화 노력에도 불구하고 문투에게 있어서 자신의 '철학'과, 자신이 둘러싸고 그 안에서 자신이 살고 있는 우주 전체를 인식하는 방법을 완전히 버린다는 것은 힘든 일이다.

그들 자신, 사회, 신 그리고 자연에 대한 전통적인 문투의 근본적인 태도는 무엇인가? 따라서 세계관은 무엇인가?

삶과 존재에 대한 모든 개념은 '**생명력**'이라는 유일한 가치에 초점이 맞추어져 있다. 존재와 우주에 대한 기본 개념은 생명력 있는 힘 또는 권력이라는 개념 주변을 맴돌고 있다. 존재를 실재하는 것 그리고 실재하는 현실로 간주하는 백인들과 달리 문투는 존재를 힘이 있는 것, 힘으로 간주한다. 예를 들어 서양 철학에서 존재는 실재하는 것이고, 힘은 존재의 속성 또는 부수적인 결과 중의 하나일 뿐이다. 하지만 문투에게 존재는 힘을 가진 것을 말한다. 왜냐하면 힘은 존재 그 자체의 본질이고, 존재의 구성이고 필연적인 요소이기 때문이다. 따라서 문투에게 있어서 "생명력은 현재 더 강도 높게 실현할 수 있고 또 실현된 실질적인 총체성에 따른 있는 그대로의 존재 자체이다."[117] 존재는 힘이다. 존재는 문투에게 생명력을 지닌 힘이다. 이처럼 문투는 존재에 대한 유럽의 고정관념에 반하는 활력적이고 역동적인 존재관을 갖고 있다.

모든 존재는 힘이며, 모든 존재들은 힘들이다. 그리하여 다양한 힘들이 존재하는데, 우리는 거기서 신 또는 신적인 힘, 천상과 지상의 힘, 물질적·광물적 힘들, 그리고 인간, 동물, 가축의 힘을 발견한다. 모든 존재 또는 모든 힘은 강해질 수도 있고 약해질 수도 있다. 다시 말해 모든 힘은 다른 힘들과의 관계에서 강해질 수도 약해질 수도 있다. 어떤 힘은 또 다른 힘을 강화시킬 수도 있고 또는 약화시킬 수도 있는 것이다.[118]

힘들은 상호 영향을 미치며, 그것들은 서열화에서 나오는 몇 가지 상호관계를 유지한다. 반투어족에 있어 힘의 서열화는 다음과 같다.

― 우선 신이 자리한다. 전지전능한 신은 창조자이며 성령으로 모든 힘의 근원이다. 신은 신 자체로서 힘과 권력을 지니고 있다. 신은 다른 모든 힘들에 생명, 존재, 양분, 활력적인 성장을 부여한다.

― 다음으로는 모든 인간의 최초의 조상인 다양한 부족의 창시자들이 온다. 그들은 신적인 힘에 직접 참여하는 신과 인간들의 진정한 중재자들이다.

― 중재의 마지막에는 장자 자격 순으로 서열화된 부족의 선인先人들이 뒤를 잇는다.

― 또한 현세에 살고 있는 사람들 중에는 부족의 힘을 강화하는 측면에서 가장 중요한 역할을 하는 연장자들이 있다.

― 마지막으로 인간에게 유용한 다른 동식물, 광물적 힘들이 있다.[119]

이러한 힘들의 분류 속에서 모든 것이 인간 개인에게 초점이 맞추어져 있는 한 우리는 생명력에 대한 이러한 개념으로부터 인간중심주의적 특징을 찾아내야 한다. 인간은 모든 창조물 중에서 최고의 힘, 가장 강하고 강력한 힘을 갖고 있다. 인간은 자신의 생명력이 증가하도록 도와주고 보좌하도록 신에 의해 창조된 열등한 존재들인 동물, 식물, 광물을 지배한다. 다른 힘과의 관계에 있어서 인간은 다소간 신과 유사한 힘을 갖고 있다. 이러한 인간, 이러한 문투는 선조들과의 관계이자 후손들과의 관계인 존재론적 관계 속에서 산다. 선조는 신, 그들의 조상, 그들의 부모 그리고 그들의 연장자들에 대한 의존 관계를 통해 규정된다. 후손은 후에 태어날 동생들과 장자의 자격, 그리고 그의 밑에 있으며 이런 저런 의미로 그에 의해 영향을 받기 쉬운 다른 힘들과의 관계에 의해 규정된다. 문투는 진정하고 충만하며 고귀한 생명을 가진 존재인 것이다.

이 문투는 항상 죽은 자와 산 자들이 있는 '확대된 공동체' 안에서 삶을 영위하는데, 이 공동체 안에서 문투는 자신의 생명을 보호한다. 한 개인의 완전한 고립은 상상할 수 없는 불행으로 간주된다. 따라서 자신의 생명뿐만 아니라 타인의 생명도 존중해야 한다. 자살과 교수형은 아주 몰상식한 것이다. 바송에족 사회에서 목매달아 죽은 사람의 시체는 매질을 하고 장례식 없이 무명으로 매장하는데, 이는 자살 행위가 가장 큰 배반 행위로 간주되기 때문이다.

반투어족의 모든 행동은 생명력에 대한 그들의 '철학'에 항상 연결되어 있으며, 생명에 영향을 미친다는 생각은 반투어족의 인식 전체에 깊이 스며들고, 그들의 행위와 태만을 이끈다. 이처럼 반투어족은 생명력 확대에 도움을 주는 모든 것에 집착하며, 생명력을 손상시키거나 타격을 주는 모든 것을 피한다. 문투는 생명 즉 강한 생명에 집착한다. 문투는 생명을 유지하고 보존하며 강화하는 데 열중한다. 그는 어떤 희생을 치르더라도 삶에 경의를 표한다. 문투에 있어 마술의 실용화와 물신의 이용은 생명력을 강화하거나 최소한 보호하기 위한 목적에서 행해지는 것일 뿐이다. 삶은 그 자체를 위해 항상 고통과 희생을 감내할 준비가 되어 있는 현실이다.[120]

여기서 흑인의 생명관에 대한 마르크스주의 이전(우리 생각으로는)의 특성에 주목할 필요가 있다. 내세의 삶을 믿음에도 불구하고 문투 또는 아프리카 사람이 열중하는 삶은 강렬하게 살아가는 지상에서의 삶, '단절 없는' 삶이다. 그리고 죽음이 결국에는 이러한 이상의 완전한 실현을 방해하기 때문에 신세대는 아프리카인들을 위해 이러한 부정적 장애물에 그럭저럭 임시방편을 마련한다. 아프리카인들에게 죽음은 무의미하고 절대적인 것이 아니라 상대적인 것으로 보인다. 죽음의 존재는 사후에도 계속되기 때문이다. 그럼에도 그것은 무의미한 것인데, 왜냐하면 저승에서의 존재는 아프리카인들이 갈망하는 이상적인 것이 아니기 때문이다. 반투어족의 모든 갈망은 '전적으로 그리고 강렬하게 살아가는 이승에서의 삶'[121]에 기반을 둔 것이다.

반투어족은 저승에서의 어떠한 보상도 생각하지 않는다. 악하고 비뚤어진 삶이 언제나 이 현세에서 벌을 받듯이, 선하고 올바른 삶에 대한 보상도 이승에서 받는다. 긍정적·부정적 보상들은 이승의 삶에 국한된 것이다. 그리고 "이러한 지상의 존재라는 범주 안에는 살아 있는 인간이 보상으로 받을 수 있거나 행동에 대한 처벌에서 면할 수 있는 세 종류의 복福이 있다. 1. 행운의 복, 2. 사람의 복(건강, 부, 명예, 장수), 3. 자손의 복(확실한 후손을 남기고 죽는 것)."[122]

모든 사람이 자신의 고유한 가치를 획득하는 것은 언제나 이 지상에 존재할 때이다. 특히 바송에족에게서 우리는 두 유형의 사람들을 구분할 수 있다.

― 우선 '문투 아 비수만가muntu a bisumanga', '카쉬키쉬키 Kasuikisuiki', 즉 초라하고, 보잘것없고, 사회에서 아무런 중요성도 없는 사람이다. 이처럼 중요한 생명력을 잃은 사람은 마찬가지로 '살아있는 시체'로 규정된다. 이는 '인간이 아닌 인간'이다.

― 다음으로 '문투 무쿨루muntu mukulu', '문투 아 키쉬마muntu a Kishima', 즉 위대하고, 강인하고, 지혜로운 인간이다. 이는 공동체

안에서 상당한 영향력을 행사하며, 그 안에서 발생하는 모든 문제를 신속하게 해결하는 사람이다.

또한 무송에족(모든 아프리카 흑인들도 마찬가지이다)이 저승이나 지하의 조상의 마을에서의 삶, 즉 환생 — 이것은 얼마든지 있을 수 있다 — 을 해석하는 것도 이 지상의 존재와의 관계 안에서이다. 이 종족의 신앙에 따르면 현세에서 충실하게 사는 사람은 한 여인의 자궁에서 환생해 위대한 인간의 모습으로 다시 태어나지만 그렇지 않으면 이승에서 안락한 삶을 누릴 권리가 없게 된다. 비열한 삶을 살고 자손을 남기지 않는 사람은 사후 조상들 세계에서도 마찬가지 운명을 따르게 되며, 동물이나 메뚜기로 환생하게 된다. 우리는 이러한 윤회 개념이 '현세에 존재함'에 종속된 개념임을 잘 알고 있다.

따라서 반투어족에게는 모든 아프리카 흑인들처럼 일종의 '인류생명론'에 대한 긍정이 존재한다. 삶이란 오직 인간의 구체적이고 현실적인 삶으로부터 실질적이고 감각적으로 포착된다는 것이 그것이다. 인간의 구체적 체험은 출발점이자 도착점이며 심지어는 사회 전체로 확대되어야 하는 행로이다.[123]

그렇다면 이러한 조건에서 인간의 삶의 이상理想은 무엇인가?

5. 반투어족의 도덕과 생명의 이상

이제 아프리카에서는 '인간'이 현실적인 동시에 영원한 삶, 예약된 삶이 아니라 체험된 삶과 관련되어 있음을 이해했을 것이다. 인간은 삶으로 하나의 종교의식을 만든다. 그는 강렬하게 삶에 밀착되어 있다. 구체적이고 체험되는 것이며, 죽음에 대한 단호한 거부로까지 가는 삶에 밀착되어 있는 것이다. 인간은 삶의 광신도이다. 그는 바로 이 삶을 인간에게만 존재하는 것이 아니라 우주의 만물에 똑같이 존재하는, 번성시키기도 하고 쇠락시키기도 하는 생명의 힘으로 여긴다. 이러한 생명의 힘은 인간(흑인) 최초의 근본적인 현실이며 최고의 가치다. 삶은 최초와 최후의 현실이며 가치 중의 가치다. 인간에게 죽음이란 사실상 내세의 삶에 대한 신앙을 통해 이미 극복된 것이다. 삶에의 애착을 통해 인간은 죽음을 자연 현상으로만 여길 뿐이며, 살고 있는 현실에서는 존재하지 않는 것으로 거부한다. 죽음은 단지 항상 살아있는 자들과 근본적 관계를 맺고 있는 조상들의 세계로 가는 길목일 뿐이다. 이러한 조건들 하에서 인간 개인과 그의 씨족 사회는 영원한 것으로 이해되며, 영원에 대한 욕망은 개인과 집단의 불멸성으로 인식되었다. 이와 같이 결국 삶은 죽음으로부터 나오고 또한 죽음은 삶의 진정한 연장인 것이다.[124]

죽지 않고 산다는 것, 영원히 산다는 것은 결국 반투족에게 있어서 생명의 이상이다. 영원히 사는 대신 어떤 식으로든 이 현세 속에서 계속 살아가기 위해 반드시 자손들 속에 살아남는 것이 좋다. 이러한 생명의 이상은 그들의 모든 행동을 지배하고 모든 심리에 영향을 미친다. 마찬가지로 모든 도덕적 규범이 그것에 종속되어 있다. 선과 악은 이 생명의 이상의 작용으로 인식된다. 이러한 맥락에서 생명력을 증진시키는 데 기여하는 모든 것은 선하며 결국 도덕적으로 허용되고 승인될 수 있는 것이다. 부적, 건강, 자손의 번창, 체력, 경제적 번영, 이익이 되는 사냥과 수렵, 풍성한 수확, 협동심, 다른 사람에 대한 존경 등이 이러한 범주에 들어간다. 반대로 생명력을 감소시키고 생명에의 도달이 어려운 것으로 의심되는 모든 것은 도덕적으로 혐오스럽고 비난받아야 하는 것이다. 살인, 마법(바송에족에게서 부취butshi 또는 마젠데masende), 절도, 거짓말, 간통, 불임, 성적 무기력이 이에 해당된다.

문투의 눈에는 행복은 가장 커다란 생명력의 소유요, 반면 불행은 그것의 감소와 쇠약이다. 그에게 있어 최상의 삶에 대한 모든 희망은 저승이 아니라 지상에서 또는 지상에서의 존재의 범주 안에서 실현되는 것이다.

이러한 존재론적 도덕은 속담과 기도 속에 자주 나타나는 몇 가지 계명의 근거가 되고 있다. 그러한 계명들 중에서 우리는 도둑질하지 말고, 남을 해치지 말고, 탐내지 말고, 다른 사람을 비방하지 말고, 다른 사람의 아내를 유혹하지 말고, 공공재산을 건드리지 말라는 것 등을 인용할 수 있다. 그러한 계율을 위반하는 자는 모두 우리가 이 지상에서의 존재로서의 범주 안에서 그 결과를 짊어져야 하는 죄를 범하는 것이다.

그러한 계명들 외에 반투족에게는 몇 가지 도덕적 금기가 있다. 다음은 그 중 몇 가지다.

― 누구도 거짓말을 해서는 안 된다.

― 살인을 해서도 다른 사람의 아내와 간통을 해서도 안 되며, 그러한 행동을 한 자는 사형을 당할 것이다.

― 처녀는 혼전에, 특히 성인식 전에 남자와 성적 관계를 맺어서는 안 된다.

― 왕 또는 가장은 신을 위한 날에 아내와 부부관계를 맺어서는 안 된다.

— 아이들은 부모에 대해 추한 것들을 생각해서는 안 된다.

올바른 행동을 위한 이 모든 계율과 규칙은 분명 강제적이지만 그것들은 사회의 조화와 결속을 보장한다.[125] 하지만 오늘날 그러한 도덕적 가치들은 모두 사회경제적 위기와 유럽적 생활양식의 유입으로 무시되고 있다.

생명의 이상과 관련된 반투족의 존재론에 대해서는 저명한 아프리카 사상가들에 의해 다른 것과 마찬가지로 일방적인 방향으로만 몇몇 비판이 이루어졌다. 가장 급진적인 사람들은 반투족의 존재론이 '근대' 문명과 근본적으로 대립하기 때문에 발전에 장애가 된다며 그것의 완벽한 폐기를 단호하게 제안했다.

우리가 보기로는, 위에서도 강조했듯이. 그러한 세계관은 아프리카인들의 영혼과 관련된 것이며, 스스로 자멸하지 않는 한 사라질 수 없다. 하지만 반투족의 그러한 개념 속에서 모든 것이 장밋빛인 것은 아니다. 거기에는 분명 근대(성)의 요구에 부응하면서 개선해야 할 부정적 측면들도 있다.

아프리카의 세계관의 부정적 측면들 중에서 우리는 특히 엘룽구와 함께 그것의 전체주의적이고 복고주의적인 성격을 지적할 수 있다. 도덕질서가 마치 하나의 단일한 전체, 즉 젊은이들과 어른들을 거치며 아이들부터 조상들까지 이어져가도록 구성된 사회 자체의 삶으로 나타난다는 점에서 전체주의라고 할 수 있다. 결국 도덕질서는 마치 사회 자체가 우주의 질서 속에서 자신의 자리를 차지하듯 각 구성원이 자신의 자리를 차지하는, 생동적이고, 구조화되고, 위계 체제가 이루어진 사회질서에 다름 아니다. 모든 구성원과 개별적 구성원들의 행동은 존속시키고 영속시켜야 하는 이 유일한 생동적 사회질서의 기능에 의해 결정되어 있다. 여기서 개인의식의 부재가 도덕의 근원이자 마지막 의지처로 작용하고 있다는 것이 드러난다. 순응주의는 전면적인 것이며, 개인의 무절제한 행위는 처음부터 비난받아 마땅한 것이다. 지혜롭다는 것, 그것은 사물들의 질서와 세계의 조화에 순응한다는 것이다.

또한 도덕질서가 조상들로부터 내려온 그대로 현재까지 존속하며, 살아있는 자들이 그것을 보존하고 자손에게 물려주는 한 복고주의라고 할 수 있다. 그러한 질서가 요구하는 행동과 거기서 유래하는 문화는 전혀 창조적 미래로 향해 있지 않으며, 오히려 활력을 불어넣고 현실화시켜야 할 과거로 향해 있다.[126]

게다가 도덕질서와 우주적 위계질서는 모든 사회 조직과 더불어 인간의 모든 사회적 삶을 지배하고 있는 장자의 자격이라는 개념에 기반을 두고 있다. 모든 상황에서 장자의 힘은 언제나 손아래 사람의 힘을 지배한다. 각각의 실제적인 사태에서 우선권이나 상속권은 장자와 최고령자에게 주어진다. 이러한 맥락에서 손아래 사람은 힘이나 지혜로 자신보다 먼저 세상에 존재한 손위 형제들이나 조상들과 동등해질 수도 또 그들을 넘어설 수도 없다. 어린 사람들이 모르는 것, 형들보다 더 잘 알 수 없는 것을 자랑하는 것은 비이성적인 부조리이며 정상적인 도를 넘어선 것이다. 손아래 사람은 복종하고, 힘이 없고, 체념하고, 받아들이며 산다. 그는 종속된 존재다. 이러한 개념은 어떤 면에서는 운명주의와 정신적·신체적 쇠퇴로 간주될 수도 있다.

그것은 일반적으로는 흑인, 특별하게는 문투를 특징짓는 자신감의 불충분함과 부족을 고착시키게 된다. 힘은 그에게 외부로부터만

오는 것이지 '자아'의 내부로부터 오는 것이 아니다. 불가사의한 일들에 대한 열광, 온갖 종교 형태에의 찬동, 외부의 이로운 모든 영향에 대한 맹목적 신뢰는 어디서 오는 것일까? 그는 자신의 일과 관련된 모든 것에 대해 그가 속한 사회, 부족에게 떠맡기는 성향이 강하다.[127] 이 모든 것은 우리 시대의 현실에 맞게 수정되고 개선되어야 한다. 마르크스주의에 대한 아프리카의 훌륭한 재독再讀은 흑인이 자신감을 갖고 자신의 고유한 능력을 이해하도록 해주고, 발전을 저해하는 시대에 뒤떨어진 몇몇 구습이나 신앙으로부터 벗어나도록 해줄 것이다.

하지만 이러한 존재론 ─ 우리가 항상 그렇게 알고 있는 ─ 은 아프리카의 전통 사회가 개인적 측면뿐만 아니라 공동체적 측면에서 인간들 사이의 관계의 인간화, 인간의 자기 자신과의 화해라는 면에서 상당히 괄목할만한 진전을 이루도록 해주었다. 우리로서는 이러한 존재론에의 호소는 불가피하다. 그것은 우리 선조들과 같은 일을 되풀이한다는 의미에서가 아니라 그러한 도움과 참조에 의거해 현 세대가 항상 자신들의 문화적·기술적·과학적 유산을 꽃피우려는 더 높은 것을 목표로 한다는 의미에서이다.

6. 성聖과 종교 제도

"지고의 존재인 신이시여, 우리에게 건강을 주소서. 우리 아이들을 행복하게 해주시고, 우리들 각자에게 각자의 몫을 내려주소서. 신이시여, 우리를 호의적인 시선으로 바라보시며, 악의적인 눈으로 바라보지 마소서.'"[128]

아프리카 흑인들은 본래 종교적 존재이다. 지적·사회적·정치적 관점에서 또한 경제적 관점에서 아프리카인들 모두는 종교적 토대를 갖고 있다. 종교는 그들에게 사적이고 개인적인 삶만큼이나 가족적·사회정치적 삶의 모든 관점을 아우르는 중요한 현상으로 남아 있다. 종교는 그들의 모든 삶에 배어있고, 모든 것과 섞여 있으며 모든 것과 혼동되어 있어 삶의 어떠한 상황도 종교를 벗어날 수가 없다. 그리하여 흑인들은 종교로 '숨 쉰다'라고 말하는 것이 과장되지 않을 정도이다. 종교는 심리적·사회적 통합과 균형추 역할을 수행하고 있다. 종교는 공동체에서 살고 있는 사람들이 서로 이해하고, 공동의 가치를 높이고, 그곳에 통합되어 각자의 조건을 감내하고 고통을 통제할 수 있도록 해준다.[129]

아프리카 흑인들은 신의 존재와 후세를 믿으며, 심리적·사회적으로 그것들에 큰 영향을 받는다. 그들은 존재하는 모든 것의 창조자이자 구별 없는 모든 인간의 후원자로서의 전지전능한 신에 관한 개념을 갖고 있었고 지금도 갖고 있다. 아프리카 흑인들이 결코 원칙을 갖고 있는 것은 아니지만 이 신을 모든 것의 원칙인 최상의 존재로 인식하고 있다. 그는 대지와 우주와 그곳에 존재하는 모든 것의 창조자이다. 이 신에게 아프리카 흑인들은 여러 가지 이름을 부여하고 있다. 실제로 흑아프리카인들의 다양한 언어만큼이나 다양한 이름을 부여하고 있다. 특히 신을 바송에족은 '에필레 무쿨루Efile mukulu'라고 부르고, 발루바-카사이Baluba-kasaï족은 '마웨자Maweja'라고 부르며, 방갈라Bangala족은 '은잠베Nzambe'로, 바콩고Bakongo

족은 '은잠비Nzambi'로, 몬고Mongo족은 '은자콤바Nzakomba'로, 테텔라Tetela족은 '온야숭구Onyashungu'로, 와스와힐리Waswahili족은 '문구Mungu'라고 부른다.

모든 아프리카 흑인들에게서처럼 반투어족에게서도 유일신, 최상의 존재, 전지전능한 창조주, 존재하는 모든 것의 절대적 지배자가 존재한다. 그들의 창조주인 유일신에 대한 믿음은 불행한 시간만이 아니라 행복한 시간에 신에게 바치는 다양한 기도로 나타날 뿐만 아니라 그에게 바치는 다양한 봉헌과 희생물로 나타난다. 모든 것은 신에게 귀속된다. 그는 모든 것의 근원, 가시계와 비가시계의 창조주이다.

아프리카 흑인들에게서처럼 반투어족에게 신의 존재는 의심할 여지가 없는 현실이며, 그것은 당연한 일이다. 사람들이 신의 존재를 보여 달라고 요구하면 아프리카 흑인들은 놀랍게도 너무나 명백하기 때문에 그의 존재를 가슴으로 느낀다고 말할 뿐만 아니라 모든 존재는 신에 의해 창조된 것처럼 나타난다고 말한다. 그들에게서는 신에 비해 자연의 모든 존재는 상대적 성격을 갖고 있다는 확신을 찾아볼 수 있으며 또한 그러한 성질을 추론적인 인식이 아니라 직관을 통해 알아차릴 수 있다고 확신한다. 신의 존재는 그에게 바치는 온갖 종류의 기도로 증명된다.

신은 힘(권능)이다. 그는 여러 힘을 아우르는 능력이며, 모든 것이 그를 통해서만이 마술적인 매력 또는 주물呪物을 포함해 효력을 갖는다는 의미에서 권능 자체이다. 창조자의 신이며 최고의 힘을 아프리카 흑인들은 특히 아버지를 위해 갖기를 좋아한다. 즉 '에필레 무쿨루 야야Efile mukulu Yaya'(키송에 말로 '전능하신 아버지 신'이란 뜻)라고 말한다. 결국 신은 모든 사람, 동물, 식물, 곤충의 아버지이다. 그는 땅 위에 존재하는 모든 것의 창조주로서의 아버지다. 아버지의 자질은 그러한 신에 속한다. 아프리카 흑인들은 부성父性에 관한 생각까지도 신의 근본적인 속성에 종속시킨다. 신은 사람들의 진정한 '생식자'이다. 진정으로 사람을 낳는 것은 신이고, 부모는 교육할 뿐이다. 이 진짜 아버지에게 보호와 성공과 번영을 갈구하는 것은 바람직하다. 이 아버지에게 사람들은 밭의 맏물과 암탉과 모든 삶의 근원으로서의 다른 모든 것을 바친다.

이 신은 정당하고 완벽하다. 그는 앞에서 언급한 것처럼 지상에서의 존재의 범위에서 사기詐欺와 서약위반(배반)과 규범 및 도덕 위반을 엄하게 벌한다. 그는 정의이고 진실이다. 그래서 바송에족은 진실의 증언으로서 신의 이름을 언급한다. 즉 '나 비 에필레Na bi 'Efile(신이 진실이듯 그것은 사실이다)'라고 말한다. 신은 모든 것을 알고 있으며, 개개인의 마음을 꿰뚫어 보는 현인이다. 달리 말해 사람은 그를 속일 수 없다.[130]

요약하면, 탕펠과 마찬가지로 필자도 아프리카 흑인들에게서 유일신에 관한 가장 순수하고, 가장 고결한 개념을 발견한다.[131]

아프리카 흑인들은 신의 존재뿐만 아니라 사후의 삶의 존재와 내세의 존재를 믿는다. 즉 땅 밑의 마을, 작고한 조상들의 마을이 있음을 믿는다. 그곳에서 아버지와 장남들은 부자간에 이어지는 영향과 더 우월한 존재의 위계에 따라 생명력을 계속해서 보존한다. 죽은 이들은 죽은 것이 아니라 단지 세상을 바꿔 자연의 힘을 더 잘 아는 (사회적) 지위를 얻을 뿐이다. 그들은 자손들의 삶을 공고히 할 수 있기 때문이다.[132]

아프리카 흑인들은 진정으로 신에게 제사를 행했을까? 행했다면, 개인적이었을까 집단적이었을까? 이 두 가지 질문에 대한 답에서 여러 저자들은 관점을 달리하고 있다.

방시나Vansina에 따르면, 반투어족은 어떤 창조주 또는 최상 최고의 신성을 알고 있다. 그러나 신성은 집단적 숭배 대상이 되지 못할 만큼 멀리 있다. 단지 기도를 통한 그리고 때로는 만물 공헌을 통한 개인적 숭배 대상일 뿐이다. 개인들은 각자가 신과 직접 소통할 수 있다. 그러나 다른 영적인 힘에 도달하기 위해서는 사제와 조상과 병을 고치는 사람과 신성 따라서 종교적 인물의 명상에 도움을 청해야 한다.[133]

한편 물라고는 다음과 같이 생각했다. 아프리카에서 각 개인의 마음은 항상 창조주이며 아버지인 그리고 모든 것이 그로부터 비롯되는 신에 대해 앎과 감사와 사죄와 간청과 희망과 은총, 찬미의 행동으로 채워져 있다. '문투'는 매순간 그리고 도처에서 신의 존재를 떠올린다. 병자를 치료하기 위해, 씨앗을 뿌리기 위해, 집을 짓기 위해, 사냥과 낚시 또는 여행을 떠나기 전에, 혼인하기 위해, 자식을 갖기 위해, 즉 온갖 활동을 시작하기 위해 그리고 모든 삶의 상황에서 '문투'는 꾸준히 그에게 간청하고 의탁한다. 이처럼 이롭고 유익한 존재에게 '문투'는 홀로 대규모 종교행사가 있을 때 가족과 함께 또는 마을 사람들과 함께 간청하고, 오두막집에서, 밭에서 그리고 도처에서 간청한다. 그리하여 반투어족이 신에게 올리는 제사는 대중적이지도 개인적이지도 않지만 '**일반화되어**' 있는 것으로 드러난다.[134]

우리는 그러한 견해에 전적으로 동의한다. 그러나 신에게 직접 바쳤던 희생물은 조상들의 혼령에 바쳤던 희생물보다 수적으로 적고

덜 눈에 띈다. 고인들에게 바친 제사는 반투어족의 정신적 삶에서 매우 중요하다. "외적인 삶에서 반투어족의 전유물인 제사는 자세히 살펴보면 그들의 종교 전체를 구성하는 듯하다. 두 가지 믿음이 이 제사의 기초를 이루고 있다. 사후의 개인의 삶 그리고 생자와 사자 간의 교환이 그것이다. 이 두 가지 믿음은 공리公理로서의 가치를 갖고 있다. 그것에 대한 회의懷疑는 있을 수 없다."[135]

그러나 현실에서 반투어족과 다른 모든 아프리카 흑인들은 조상을 숭배하지 않는다. 오로지 신만이 찬양 대상이다. 타계한 조상에 대한 제사는 아프리카에서 사자死者들은 숭배되지 않지만 공경되고 존경받음에 따라 어떠한 우상숭배의 특성도 갖지 않는다. 아프리카의 조상 숭배 또는 혼령 숭배는 따라서 우상숭배와 동일하지 않다.[136]

결국 모든 아프리카 흑인들에게서처럼 반투어족에게서도 종교는 인간과 세계 그리고 성聖 간의 살아 있는 관계이다. 종교는 '요점을 간추린 실체'로, 이 종교 안에서 인간인 지성적 존재자를 통해 모든 행위를 신과 연결시킨다. 이것은 너무나 '인간 중심적인' 종교로, 여기서 인간은 신에 의해 창조된 모든 다른 힘들을 위해 도움이 되도록 특별하게 창조된 힘이다. 이것은 종교가 문투의 모든 삶에 기여한다는 의미에서 어느 모로 보나 **강생된 종교**이다. 이 종교는 모든 것과 혼재되어 있고 축제, 기쁨, 출생, 불행, 상喪, 일 …… 등 존재의 모든 사건과 뒤섞여 있다. 그러나 이 종교에서 신은 중심이 아니다. 물론 신은 중심에서 결정적인 역할을 하기는 한다. 그러나 반투어족은 인간은 창조자 그 자신에 의해 종교의 중심에 배치되었다고 믿는다. 이 종교의 중심인 인간은 구체적인 개인이라기보다는 오히려

'인간이라는 종의 영속화'[137]였다.

필자는 마르크스주의와 아프리카의 전통 종교가 서로에게서 상호 간의 풍요로움을 발견할 수 있다고 생각한다. 도덕심과 종교심, 삶과 가치와 존재론적 경험에 관한 직관적 지식은 과학적 지식의 보완물이다. 이 보완물은 늘 아프리카 흑인들에게 있어서 가치들의 위계의 근간이었고, 늘 그들의 실존적 탐구가 되돌아오는 중심이 되었다. 마르크스가 망각했던 이 보완물은 현대 아프리카의 틀 내에서 사회주의를 탐구할 때 반드시 고려해야만 하는 풍요로운 현실이다.[138] 분명 본질적으로 아프리카 흑인들은 무신론자가 될 수 없다. 그러나 종교에 대한 마르크스주의의 비판은 다른 세상에서의 허망한 행복을 약속하면서 종종 혁명 의지와 진정한 발전 과제로부터 시선을 돌리기 위해 지배적인 부르주아 이데올로기가 제시하곤 하는 종교에 대한 희화화를 물리치는 데 큰 도움이 될 것이다. 이러한 의미에서 마르크스주의는 지상의 존재에게 우위를 부여함으로써 삶과 행복에 대한 아프리카인들의 전통적 견해를 복원하는 데 도움을 줄 수 있다. 오늘날 아프리카 흑인들은 '만복', '더 나은 만복', '최상의 만복'을 불행 속에서 체념할 것(지금의 경우가 그러하다)이 아니라 바로 지상에서 찾고 실현시켜야 한다. 그러한 실현은 즉시 이루어져야 하며, 연기될 수 없다.

지상의 존재에게 우선권을 부여하는 반투어족의 이러한 삶의 이상은 현대의 자본가 정신의 강력한 촉매제가 된 프로테스탄티즘의 윤리와 멀지 않다. 세상과 좀 더 유리되어 있었고 지상의 일들에 관해 좀 더 큰 무관심을 신자들에게 주입시켰던 가톨릭과는 반대로 프로테스탄티즘은 신자들에게 물질주의적인 삶의 기쁨, 노동 및 진보의 정신을 가르쳤다. 신을 기쁘게 하는 유일한 삶의 방식은 수도사 같은 절제가 아니라 사회 한가운데에서 소임을 완수하는 것이다. 따라서 "모든 상황에서 세속의 소임을 완수하는 것이 신을 기쁘게 하는 유일한 삶의 방식이다."[139] 그러한 소임은 세속의 사건들 속에서 완결되고, 인간이 이곳 현세에서 부여받을 수 있는 최고의 도덕적 활동을 이룬다. 이러한 조건에서 노동의 결과인 부는 종교적 삶에 어떠한 장애도 되지 않는다. 오히려 그와 반대로 부는 신에 대한 찬양을 중대시키는 데 기여한다. 이러한 프로테스탄티즘의 새로운 종교 개혁관 속에는 무조건적으로 현세의 삶을 하나의 완수해야 할 과제로 간주하는 새로운 평가와 함께 목적 그 자체로 이해된 이 세계에서의 재화 추구(물질적 부)를 재평가하는 입장이 들어 있다.[140]

앞서 소개한 이 모든 '전통적' 시각은 백인이 아프리카 대륙과 처음 접할 때부터 서구의 개념과 상충될 수밖에 없었다. 아프리카와 유럽의 그러한 만남, 즉 아프리카성과 서구성의 만남은 서로를 풍부하게 하는 교환과 발전의 원천이 되기보다는 지배와 종속 관계로 바뀌었다.

즉각 아프리카 민족들의 역사성은 이러한 만남과 결부되어 있다는 것을 강조하는 것이 바람직할 것이다. 아프리카 연구자들은 아프리카 역사를 전前 식민지 시대, 식민지 시대, 탈식민지 시대로 분류하는 데 동의하고 있다. 가장 급진적인 사람들은 분명하게 그것을 독립 이전 시기와 독립 이후 시기 등 두 시기로 단순화시키고 있다. 독립이라는 생각 자체가 예속의 시기가 있었다는 것은 인정하는 셈이다. 모든 것으로 미루어볼 때 우리 아프리카의 운명은 우리가 그러한 만남에 어떤 의미를 부여하느냐에 달려 있는 것처럼 보인다.

3_ 흑인매매와 아프리카의 식민화

우리가 보기에 사람들에게 아프리카 역사를 가장 부정적으로 각인시키고, 그리하여 이제부터 흑인의 과거를 보다 잘 이해하기 위해 반드시 고려해야 할 사회적 현상들이 있다면 흑인매매와 식민화, 그리고 식민화 이후의 여파는 그러한 현상들 중 가장 끔찍한 사건들이다. 어쩔 수 없이 아프리카 역사의 일부가 되어버린 위의 두 가지 인간적 참사를 고려하지 않고 아프리카의 과거를 말한다는 것은 너무나 제한적이고 비현실적인 것처럼 보인다. 우리는 증오에 찬 상인의 시선에서 벗어나 흑인매매와 식민지 착취라는 압제가 아프리카 대륙의 발전에서 현실적으로 차지했던 자리를 파악하고 윤리적·경제적·사회적 차원에서 그 결과를 고찰할 필요가 있다. 위의 두 사건으로 돈의 '철학'이 삶의 '철학'을 대체하는 일이 벌어졌다. 그리하여 돈은 점차 우리에게서 인간 행동의 지고의 궁극적인 규범이 되었다.

1. 흑인매매

　흑인매매는 저렴한 인력 공급을 목적으로 아메리카 대륙을 향해 끔찍한 조건으로 대규모 흑인 노예를 강제로 이동시키는 과정에서 생겨났는데, 이 모든 것이 유럽의 부를 창출하기 위해 행해졌다.

　콜럼부스가 아메리카를 발견한 이후 구대륙(유럽)은 신대륙에 자신의 과잉 상태를 분산시키려고 했으며, 이 신대륙을 개척하려면 저렴한 인력이 필요했다. 아직 방어 체제를 구축하지 못했던 흑아프리카는 불행히도 과도한 위험도 또 지출도 없이 큰 이익을 끌어낼 수 있는 저장고로 보였다. 이처럼 흑인 노예 매매는 기계의 출현 이전에 신세계에서의 인간의 필요를 충족시켜주기 위한 경제적 필요로 나타난 것이었다. 백인과 흑인 사이에 주종 관계가 발생하게 되는 것도 바로 이 시점에서였다. 기술적 우위를 앞세워 유럽인은 흑인과 그들의 세계에 대한 경멸감을 키우고, 아프리카의 고대 문명에 대한 무지 때문에 제멋대로 악의적인 그림을 그리게 되었다. 예전에 인류 최초의 문명의 창조자였던 흑인은 갑자기 '유인원'이 되어 원시적 토착민의 동물성, 원숭이, 전前논리적인 심성 등을 강조하는 온갖 조롱 섞인 수식어들을 부여받게 되었다.[141]

　흑인매매와 함께 아프리카 대륙의 끝나지 않는 역사적 혼란이 시작된다. 수많은 아프리카인들이 도저히 인간적으로 참을 수 없는 조건에서 강제로 아메리카로 향하는 배에 실렸으며, 대부분의 노예는 다른 대륙의 해안으로 그들을 운반하는 배들이 도착하기도 전에 질

식사했다. 항해하기 전과 항해하는 내내 흑인 노예들은 통조림 속의 꽁치들처럼 꽁꽁 묶여 있었다. 천연 자원과 인적 자원에 대한 이처럼 광기어린 흉포한 매매는 4세기 동안 지속되었다.

이 매매와 관련해 어떤 이들은 유럽인들은 당시 아프리카에서 성행하고 있던 관행을 모방한 것뿐이라고 주장한다. 노예제라는 관습은 아프리카에만 고유한 것이 아니다. 노예제는 세계의 거의 모든 곳에 존재했고, 중세에 이 제도는 사회경제 발전의 척도이기도 했다. 예컨대 슬라브인들은 유럽 전역에서 팔렸다. 당시 말리에서는 백인 노예들이 황제에게 봉사하고 있었다. 물론 노예제는 흑아프리카에서 이미 사용되고 있었다. 경제 활동이 발전한 아프리카의 몇몇 지역(특히 도시 중심 주변)에서 이 관습은 분명한 착취의 성격을 띠고 있기도 했다. 하지만 아프리카 노예들은 한 영지에 소속된 노예라고 할 수 있었는데, 왜냐하면 그들은 가족과 함께 그곳에 살며 신속하게 다른 가족과 융화될 수 있었기 때문이다. 아주 정직하고 큰 존중을 받은 노예들은 주인의 대리인으로까지 신분 상승이 가능했고, 주인은 종국에는 노예를 자식으로 인정하기도 했다. 주인이 해방된 노예의 예전 상황을 언급하는 일은 철저히 금해졌다. 오랜 시간에 걸쳐 여러 차례의 해방 과정을 겪은 후 이 노예는 모든 시민권을 획득하고 소유권까지 가질 수 있었다(노예가 노예를 소유하는 경우도 있었다). 노예는 결국 가족에 첨가된 요소, 인위적인 구성원, 즉 입양아처럼 되었다. 게다가 아프리카에는 이런 관습을 몰랐던 종족들도 있었다. 따라서 유럽인들은 이미 존재하고 있던 관습을 모방해서 영구적인 것으로 만들었을 뿐이라는 주장은 터무니없는 것이다.[142]

아프리카에 예전에 존재했던 노예제를 이런저런 이유로 정당화하려는 것이 아니라 우리는 단지 흑인 노예가 로마나 프랑스적 의미에서 단순한 재산이 되는 것을 공동체주의가 허락하지 않았다는 점을 강조하려는 것뿐이다. 아프리카 사회에서 이러한 관습의 특수성은 노예를 가족으로 받아들이고, 물건으로 간주하지 않으며, 우리가 위에서 길게 얘기한 공동체주의 덕분에 아프리카 흑인 노예는 결국 해방될 수 있다는 점에서 찾을 수 있다.[143]

흑인매매는 온갖 성격을 가진 현상이었다. 먼저 포르투갈인들이 소수의 흑인 노예를 강제로 유럽에 데려가 동족들의 호기심을 충족시켰고, 이후 다수의 노예들이 팔려가 아메리카의 광산과 농장에서 값싸고 일 잘하며 순종적이고 열대 지역에 잘 적응하는 인력이 되어, 집단으로 죽어가던 인디언들을 대체했다. 조금이라도 저항하는 노예들은 바로 처형되었다. 흑인 노예들을 실은 고무보트와 설탕을 가득 실은 배의 교환은 현금처럼 통용되었다.[144]

이처럼 몰염치한 행위의 결과는 다음의 세 가지 차원, 즉 윤리적, 경제적, 사회적 차원으로 나누어 살펴볼 수 있다. 윤리적 차원에서는 무엇보다 인간이라는 개념이 부정되었다. 인간이 사고팔고, 인간 노동의 몇몇 다른 산물(소금, 설탕, 옷……)과 교환할 수 있는 다른 물건들과 같은 상품이 되었다. 일부 백인 모험가들과 그들의 대행업자들, 흑인 중개인들이 '문명화된' 유럽과 신기하게도 때론 교회의 암묵적인 그리고 때로는 적극적인 공모 아래 이 혐오스런 일에 열성적으로 동참했다. 그리하여 흑인 노예들을 다른 대륙의 해안으로 싣고 가던 배들에는 '아베 마리아', '산토 스피리토'와 같은 의미심장한 이름들이 붙여졌고, 각각의 배에는 기증자가 있었다. 노예 제도와 자본주의적 교환의 탐욕성에 대한 무지는 노예 매매에 대한 적극적이고 열성적인 동참으로 이어졌다. 또한 인간의 생명에 대한 존중의 부재를 지적할 수 있는데, 실제로 수천 명의 노예들이 몇 년 동안 아무런 이유 없이 죽임을 당했지만 이러한 종족 말살은 누구의 마음도 움직이지 않았다. 노예상에게 노예 한 명은 천 한 조각보다 못했고, 그의 생명은 아무런 가치도 없었다. 불륜과 매춘은 일부 왕들에 의해 허용되었고 장려되기조차 했다. 아메리카에서 흑인 남자보다 수가 적었던 흑인 여자들은 공동의 아내이자 엄마가 되었고, 그래서 늘 항시적인 분쟁의 대상이 되었다. 이 현상은 아프리카 남자에게 윤리적이고 이데올로기적인 상처를 남겼다. 자기 자신과 다른 남자들에 대해 갖고 있던 존중심을 잃어버린 것이다.

경제적 관점에서 노예 매매의 결과는 아프리카 대륙에 참혹한 영향을 미쳤다. 노예 차출이 경제 활동과 발전에 가장 필요한 연령층을 대상으로 행해짐으로써 생산력이 급락했다. 이것은 자연스럽게 기아와 영양 부족, 생활수준의 퇴보로 이어졌다. 반대로 아메리카에서 흑인 노동력은 특히 미국과 브라질 경제에 말 그대로 발동기를 달아주었다. 노예는 사탕수수, 쌀, 목화, 커피, 인디고 등의 농장에서 일했다. 흑인매매와 함께 흑아프리카는 자본-노동과 원자재의 이름으로 의사와 상관없이 유럽의 발전에 기여했다. 이 역할은 식민시대와 오늘날까지 계속되고 있으며, 이러한 상황은 다른 각도에서도 여전히 지속되고 있다.

사회적 차원에서 이러한 범죄 행위는 아프리카 대륙의 인구 감소와 함께 복수, 여러 종족간의 빈번한 전쟁, 주민들의 신체적·도덕적 불안화, 인구 노화, 숲 속으로의 강제 이주 등 강력한 부정적 혼란을 유발했다. 아메리카에서 흑인 노예는 아주 높은 사망률을 기록했는

데, 평균 수명은 5~7년이었다. 그들은 거기서 이름도 없이 가족과 영원히 떨어져 짐승처럼 일하며 평생을 익명으로 봉사하며 살았다. 그들은 결국 모든 사회적 정체성을 잃어버린 채 가장 절대적인 소외를 경험했다. 노예 매매는 흑인 종족의 완전한 말살을 야기할 수도 있었을 치명적인 범죄였다. 하지만 다행히도 흑아프리카의 역동성은 살아남고, 이 모든 죽음의 기운 속에서도 흑인 아들은 태어났다. 아메리카에서 여자 노예들은 흑인 종족의 생물학적·문화적 생존에 있어서 역사적 역할을 수행하게 된 것이다.[145]

이처럼 가장 유능한 팔과 뇌가 없고 모든 차원에서 균형을 잃어버린 아프리카에서는 식민화가 흑인매매라는 악의 뒤를 잇게 되었다. 그리고 바로 이처럼 불쌍한 흑인 노예들의 피를 먹고 유럽은 신대륙과 본토에서 어마어마한 부를 축적했다.[146]

2. 식민화의 변증법

몇몇 저자들은 항상 식민지 발전을 겨냥하는 식민화와 한 민족에 대한 체계적인 압제로 이루어진 식민주의 사이의 차이를 밝히려고 해왔다.

식민화의 역사는 아주 오래전으로 거슬러 올라가며, 늘 어떤 의미로는 피정복 국가의 발전을 추진하는 결과를 낳았다. 그것은 정복 국가에 부족한 원료나 정복 국가의 제품을 유리하게 수출할 수 있는 소비 시장을 찾으려고 하는 경제 전문가들의 작품으로 보인다. 하지만 경제학적 관점에서 그것은 식민지 피지배자들에게 결국에는 경제, 정치, 사회, 문화면에서 심대한 구조적 변화를 가져올 수밖에 없었다. 반면에 인종주의를 함축하고 있는 식민주의는 기술 후진국을 정치적으로 장악하려고 하며, 법적 규범을 정비하고 조직화함으로써 식민지 피지배자들의 예속화를 영속시키려 한다. 하지만 이 두 체계와 관련된 양상들은 하나의 동일한 인물들 안에서 시로 만날 수도 있다. 그렇기 때문에 아프리카에서 모든 식민지 개척자들은 동시에 식민주의자들이었다.[147] 본 연구에서 우리는 종종 이 두 개념을 구별 없이 사용할 것이다.

아프리카에서 식민화가 이루어진 것은 특히 경제적인 이유들에서였다. 유럽의 산업화와 더불어 발생한 새로운 수요들을 충족시켜야 했던 것이다. 그에 대한 해결책 중 원료를 채취하고 유럽산 소비재를 수출하기 위해서는 아프리카로 몸을 돌려야 했다. 이러한 과정에서 세 집단, 즉 상인, 선교사, 그리고 공무원·군인 집단이 경합하게 되었다. 여기서 이들이 미지의 세계에 맞서 싸우면서 보여주었던 육체적·정신적 용기를 강조해 두기로 하자. 그들은 많은 위험을 겪었으며, 수년 동안 그들의 대륙과 단절되어 있었다. 그들 덕분에 우리는 설사 종종 왜곡되었더라도 민족지학, 사회학, 언어학, 역사, 지리학에 관한 수많은 자료들을 축적할 수 있었으며, 그러한 자료들은 아프리카 대륙과 민족들을 이해하는 데 중요한 자료로 판명되었다. 하지만 아주 불행하게도 그들 중 상당수는 아프리카를 완전히 이해하지 못한 채 인종적 편견에서 자유로울 수 없었다.[148]

아프리카에서 모든 식민주의 철학은 흑인을 유럽의 번영을 위한 유순하고 완벽한 도구로 만드는 것을 목적으로 하고 있었다. 순전히 백인 개척자의 수단과 목적으로 변한 흑인 피지배자는 자신의 환경과 자기 자신에게 이방인이 되었다. 경제적 지배와 착취에 전적으로 예속된 그들은 완전히 소외되고 뿌리를 잃게 되었다. 결국에는 자기 자신을 의심하게 되고, 자신의 존재를 더 이상 믿지 못하고, 열등의식으로 스스로를 체념하기에 이르게 되었다.[149]

식민화는 아프리카 대륙에서 두 가지 형태를 띠었다. 말 그대로 식민지가 있었는데, 백인들(그리고 그들 가운데는 유럽의 가난한 사람들)이 부를 챙기기 위해 그곳으로 정착하러 왔다. 각지에서 몰려온 포르투갈 사람들이 토착민 여인들과 정혼까지 하면서 법적 거처를 마련했던 모잠비크와 앙골라의 경우가 그러했다. 포르투갈의 정책은 자신들의 삶의 방식, 기독교, 심지어는 정치 조직까지도 식민지 지역 주민들이 전적으로 따르고 동화되도록 만드는 데 있었다. 다른 한편으로 착취 식민지가 있었는데, 거기서는 식민지 지배자가 식민지 주민의 복지에 대해서는 전혀 개의치 않으면서 식민지의 부를 최대한 착취하는 데 전력을 다했다. 여기서 백인과 흑인 사이의 거리감은 온갖 형태로 유지되고 보존되었다. 콩고의 경우가 그러한데, 식민 권력은 가난한 벨기에 사람들이 '부유한 콩고'에 정착하지 못하도록 했다. 콩고인들이 백인에 대해 품었던 존경심을 흩어놓을까 두려웠기 때문이다. 하지만 이 두 형태는 양자의 차이에도 불구하고 흑인의 노예화와 아프리카 자원의 체계적인 착취라는 단 하나의 동일한 목표를 추구했다.

이 두 형태는 아프리카에 두 부류의 백인을 끌어들였다. 하나는 행정가 집단이었으며, 다른 하나는 기업체를 이끌고 수익을 창출해서 부를 챙기기 위해 자손들과 함께 자비로 정착했던 식민지 지배자들로 구성된 집단이었다. 후자는 또한 다른 목표도 함께 갖고 있었는데, 특히 더 많은 동업자들을 갖는 것이 그것이었다. 이는 경우에 따라 일어날 수 있는 토착민들의 의식화에 대비하고, 대륙의 가장 부유한 지역들을 차지하고, 원주민들이 (아프리카 내부나 외부에서) 여행하지 못하도록 하기 위해서였다. 이러한 시도를 성공리에 달성하기 위해서는 아프리카인들에게 백인에 대한 복종심, 존경심 그리고 공포심을 심어주어야 했다. 인종차별과 흑백 차이의 철저한 존중을 완강하게 주장하는 사람들은 바로 이 부류에서 찾을 수 있었다. 이들은 멸시와 교만 그리고 혐오의 정책을 지지하는 자들이었다.[150]

식민화는 아프리카를 노예 상태에서 벗어나 '개화된 종교'로 개종할 수 있도록 해주고 교육과 복지를 보장해주었노라고 주장하는 사람들이 더러 있다. 이러한 반쪽 진실은 자칭 개화의 사명, '섬기기 위해 지배한다.'는 숭고하고 이율배반적인 사명의 일환으로부터 생겨난 것이다. 식민주의 기획은 모두 사실상 인종적 우월감이 이념적으로 정당화했던 경제적 동기에서 이루어진 것이었다. 유럽의 사회적 행복을 보장하기 위해서는 아프리카의 지하자원을 개발하고 착취해야 했다. 그리고 그러한 목표를 차질 없이 달성하기 위해서는 아울러 흑인에게 백인에 대한 열등감을 주입시키고 교묘하고 허울뿐인 일련의 장치들을 마련해야 했다. 이는 흑인들이 자신들의 고유한 문화를 '미개'한 것으로 규정함으로써 스스로를 포기하고 부정하도록 하기 위해서였다. 다른 민족을 식민 지배하는 민족은 피지배자들의 행복이나 그들에 대한 자비심으로 그렇게 하는 것은 아니다. 식민화는 결코 박애가 아니라 정치적·경제적 이해관계와 계산에 따른 복합적인 메커니즘이었다.[151]

그것은 본질적으로 문명의 온정어린 접촉이 아니라 경멸에 기초한 거친 동화와 착취 작업이었으며 또한 지금도 여전히 그렇다. 그리고 문화 간 영향에 대해 말할 수 있다면, 그것은 부정적인 의미로 이해되어야 한다. 유럽인들이 흑인들에게 자국 문화를 유별나게 강요한다는 점에서 그렇다. 즉 그것은 일방적인 영향이었다. 흑인은 더 이상 자기 자신의 주인도 또 자신의 고유한 토지의 주인도 아니었다. 자신의 조상들의 토지에 대해 이방인이 됨으로써 흑인은 더 이상 선택권이 없었다. 곧 흑인은 더 이상 생활, 숭배, 의복, 언어, 일, 음식 등 요컨대 존재 방식을 선택하지 못했다. 그는 더 이상 자기 자신이 아니라 하나의 원주민이고 토착민이었으며, '무순구musungu'(백인)가 교육하고 개화하며 사람으로 만들어야 하는 동물과 인간 사이의 중간적인 존재였다. 식민지적 소외는 전통적인 경제적 소외보다 더 철저한 것이었다.

  식민화는 첫 번째로 원주민을 철저하게 노예화하는 것을 필연적인 것으로 만들었다. 피지배자를 지배자 수중에 있는 하나의 물건이나 도구로 만들기 위해서 온갖 방법, 특히 처음에는 고문, 약탈, 인종차별, 집단 숙청, 합리적 압제 등이 동원되었다. 이 모든 방법은 문화적 표상들의 약탈로 이어졌거나 어쨌든 그러한 약탈을 결정지었다. 식민지 피지배자의 좌표 체계를 무너뜨리고 사회적 전망을 완전히 파괴해버려야 했다. 타민족을 지배하는 민족은 그들에 대해 문화적 인종차별을 자행한다. 타민족의 문화적 가치나 존재 방식들은 파괴되고 분쇄되며 조소와 모독의 대상이 된다. 피지배 민족의 언어, 의복, 기술은 완전히 평가절하 된다. 대신 총체적으로 새로운 문화를 강요하는 것이 아니라 심지어 총검을 사용해서까지 원하는 신념과 가치를 강요한다. 다음 단계로, 지역의 자원을 충분히 개발하고 착취하기 위해, 그리고 이러한 자원 착취의 수익성을 높여줄 일정한 산업화를 정착시키기 위해 피지배자에 대한 난폭한 태도를 완화해야 했다. 보다 더 교묘한 형태로 문화적 인종차별을 영속시키면서도 피지배자가 일하도록 하기 위해서였다. 따라서 식민주의는 이데올로기 장치도 또 이성을 부여받은 몸체가 아니라 조야한 상태의 폭력이다.[152]

이러한 식민지 폭력과 관련해 우리는 누구도 자신과 닮은 사람들에게 죄를 짓지 않고서는 약탈할 수 없다고 생각한다. 식민지 피지배자들을 노예로 만들거나 죽이는 사람은 원칙적으로 이 피지배자가 인간과 유사하지 않다고 주장하며, 따라서 그를 동물 상태로 타락시킨다. 식민주의와 신식민주의는 사르트르에게는 인간에 대한 철저한 부정처럼 보였다. 그는 이 점을 명쾌하게 이렇게 표현하고 있다. "식민지 폭력은 노예가 된 인간들을 꼼짝 못하게 하려는 목적만을 갖는 것이 아니라 그들을 비인간화하려고 한다. 그들의 전통을 제거하고 그들의 언어 대신 우리의 언어를 사용하도록 하며 우리 문화를 부여하고 그들의 문화를 파괴하려는 의도로 이루어지지 않는 것은 하나도 없을 것이다. 그들은 지쳐서 녹초가 될 것이다. 제대로 먹지 못하고 병들어, 여전히 저항한다면 공포심으로 인해 일을 더 이상 못할 것이다. 농부에게는 총을 겨눈다. 또한 민간인들이 몰려와서 농부의 땅에 자리 잡고 채찍으로 자신들을 위해 땅을 경작하도록 강제한다. 농부가 저항하면 군인들이 총을 쏘며 죽인다. 그가 굴복한다면 타락하게 되며, 결국 더 이상 인간이 아니게 된다. 수치와 두려움은 그의 정신을 분열시키고 그의 인격을 파괴할 것이다. 그러한 작업은 노련한 전문가들에 의해 순조롭게 이루어진다. 하지만 그러한 '심리적 봉사'는 오늘날 시작된 것이 아니다. 세뇨도 마찬가지다."[153] 인간의 조건을 부정하는 동시에 그것을 요구하는 식민지적 행위에는 엄청난 모순이 내포되어 있다.

이러한 식민지 지배자들의 폭력에 관한 일화 중의 하나로 완강히 거부하는 흑인들의 손을 잘랐던 콩고의 경우를 예로 들 수 있을 것이다. 또한 앙골라에서는 불평분자들의 입을 자물쇠로 막기 위해 입술에 구멍을 뚫기도 했다.

하지만 식민화의 주요 문제는 인종 문제였다. 식민지 환경의 특이한 점은 다름 아니라 경제 현실, 사회적 불평등, 생활 방식의 엄청난 차이가 결코 인간적 현실을 은폐하지 못했다는 사실이다. 이러한 환경은 즉각 다음의 사실을 인식하도록 만들었다. 즉 세계를 구분 짓는 잣대는 무엇보다 어느 종種 또는 인종에 속하는가하는 점이라는 것이 그것이다. 식민지에서 가진 자들은 백인들이며 갖지 못한 자들은 흑인들이다. 그렇게 되면 어떤 종류의 논쟁이건 ― 인종적 열등감에 관한 신화와 더 유능한 사람들이 지배할 권리가 있다는 주장과 같은 ― 인종적 지배 체계와 그것의 강화를 정당화하기 위해 펼쳐질 것이다. 아프리카에서 자본주의적인 식민지 착취는 사회 문제와 인종 문제가 밀접하게 관련되도록 만들었다. 그리고 아프리카의 민족들은 계급과 인종이라는 이중적 착취의 희생자들이었다. 모든 사회적 관계들은 인종차별에 기초를 두고 있었다. 개인의 사회적 지위는 피부색에 따라 정해졌다.[154]

파농의 생각으로는 마르크스주의의 분석들은 식민지 문제에 접근할 때마다 약간씩 느슨해졌다. 식민지에서 경제적 요인은 마찬가지로 상부구조를 이루며, 원인은 또한 결과가 된다. 즉 백인이기 때문에 부유하고, 부유하기 때문에 백인이다. 또한 흑인이기 때문에 가난하며, 가난하기 때문에 흑인이다.[155]

현대 세계에서 인종 투쟁은 계급투쟁에 속하며, 인종 문제는 동시에 계급 문제라는 점을 염두에 두는 것이 좋을 것이다. 인종차별에 기초한 어떤 사회 체계건 자본주의적인 경세 개발의 결과이시 식민화의 결과가 아니다. 아프리카의 식민지 피지배 국가들에서 자본주의적 착취는 인종적 억압과 어깨를 나란히 했다.[156]

인종차별에 대한 엄청난 비난에도 식민지와 신식민지 국가는 인종차별 국가로 남아 있는 것이 현실이다. 민주주의라는 원칙을 주장함에도 여전히 오늘날까지 서구에는 인종차별주의자들이 존재한다. 우리는 그들이 솔직하다는 것을 인정해야 한다. 사실 그러한 나라 사람들 전체와는 반대로 옳았던 사람들은 바로 이들 인종차별주의자들이었다. 즉 어떤 인간이나 민족을 열등감을 갖게 하거나 동물처럼 만들지 않고 노예화하는 것은 논리적으로 맞지 않다. 이처럼 열등감을 갖게 하는 것에 대해 인종차별주의는 감정적이고 정서적인 하나의 설명에 불과하다.[157]

따라서 전 세계적으로 인종차별을 없애는 최선의 방법은 그것의 원인과 싸우는 것이고, 인간에 의한 인간의 자본주의적 착취를 소멸시키는 것, 그리고 평등, 정의, 연대의식이라는 가치들에 기초한 새로운 경제적·사회적 관계들을 정립하는 것임이 입증된다. 따라서 새로운 인간관이 생겨날 수 있는 새로운 생산관계를 수립하기 위해 노력해야 한다. 설사 식민지 시대의 모든 백인이 인종차별주의자거나 흑인 배척론자가 아니더라도 그들의 침묵은 일정 부분 공모하는 것과 다르지 않다. 그러한 침묵은 유죄이다. 왜냐하면 식민화와 그에 따른 인종차별주의는 아프리카인들에게 다양한 분야에서 여러 결과를 유발했기 때문이다.

3. 식민화의 결과

인종차별적이고 식민적인 착취 체제의 발현은 식민지 지배자와 피지배자 모두의 생활 영역으로 확산되었다. 그것은 세세히 열거하고 묘사할 수 없을 정도로 매우 다양하고 다각화되었다. 여기서는 간략한 설명만 할 생각이다.

지정학적이고 문화적인 차원에서 식민화는 여러 식민 강대국들 간의 영토 분할을 통해 아프리카의 발칸화를 초래했다. 식민 지배로부터 물려받은 국경이 여러 민족을 자의적으로 쪼개고, 이러한 국경들이 다양한 민족들 간의 공존 문제를 곳곳에서 지속적으로 제기하고 있음에도 아프리카 국가들은 식민지화를 간과하고서는 현재의 모습 속에 결코 존재할 수 없음을 인정해야 한다. 유럽인들의 지배적 존재는 그들의 이해관계에 부합하도록 극히 다양한 민족 집단이 함께 살도록 만들었다. 유럽인들의 출현 이전에 여러 종족은 서로 잦은 접촉도 없었고, 서로를 거의 알지 못했거나 또는 잘 몰라서 발생한 오해로 인해 잦은 전쟁을 치렀다. 그러나 불행히도 유럽인들의 출현은 한 국가 내에서 동일한 민족들의 이동을 엄격하게 통제하기 위해 아프리카인들의 분리를 유지, 고착, 강화시켰다.[158]

사하라 이남 아프리카의 기술적 후진성은 수천 년 전부터의 고립에서 기인한다. 오늘날까지 아프리카는 지구 반대편에 있는 한 지방

이나 마찬가지이다. 식민지 지배와 관련한 긍정적 양상들 중에는 세계로의 개방, 거의 일반화된 쓰기와 읽기, 학교와 병원의 건립, 현대 서구 기술의 도입(빈약함에도 불구하고 말이다), 사회 혁명의 힘센 효소이자 원천인 기독교 등이 있다. 또한 아프리카는 싫든 좋든 대륙의 구획화 문제를 넘어서 문화적 통합을 이루어 모든 아프리카인들이 동일한 착취를 겪게 되었다. 이와 함께 새로운 정복자는 아프리카의 모든 씨족 전쟁보다 훨씬 더 많은 희생자를 낸 이후 자신의 평화와 법을 강요하면서, 아프리카의 지배 민족과 피지배 민족들은 이제 종속 앞에서 동등하다고 대답하게 되었다.[159]

식민지 지배의 출현과 더불어 아프리카는 동서남북 어디고 가릴 것 없이 유럽 국가들 소유가 되었다.

물론 경제적 측면에서 도로 건설은 외부 세계와의 접촉을 용이하게 했으며, 외부로 재물을 유출하기 위해 건설된 철도는 또 다른 경제 활동의 비약을 이루게 해주었다. 그러나 전체적으로 볼 때 식민지 지배는 매우 복잡한 경제 체제를 통해 약탈당한 아프리카인들에게 매우 힘겨운 결과를 낳았다. 식민 경제 체제는 점령지로부터 최대한 이윤을 끌어내고 전쟁 피해로부터 유럽을 재건하기 위한 부를 축적하는 데 목적이 있었다. 그것은 강제 노동, 현금 세금 징수 등 여러 가지 방법으로 이루어졌다. 그처럼 아프리카 노동자들은 온갖 종류의 강탈, 사취, 협박 상태에 놓였고, 계속적으로 보편화된 빈곤 속에서 살아갔다. 이러한 맥락에서 유럽 기술의 진보는 부분적으로는 유럽인들의 창조력과 결합된 결과로, 광범위하게는 다른 대륙, 특히 유럽이 인간이라는 아주 귀중한 자산을 약탈한 아프리카에서 노략질한 부의 축적과 결합된 결과로 나타났다.[160]

식민지 지배는 질적·양적으로 아프리카보다는 서구에 훨씬 더 많은 혜택을 가져다주었다. 동료들에게 다음과 같이 말할 때 사르트르는 이 점을 근본적으로 인식하고 있었다. "여러분은 우리가 착취자라는 것을 잘 알고 있습니다. 또한 우리는 대륙으로부터 금, 철강, 석유를 조국으로 가져왔습니다. 괄목할만한 결과가 없는 것은 아닙니다. 궁전, 성당, 산업 도시가 건설되었고, 위기가 닥쳐왔을 때 식민지 시장은 이러한 위기를 누그러뜨리고 벗어나도록 해주었습니다. 온갖 부로 포식한 유럽은 모든 체류자들에게 휴머니티 서약을 인정했습니다. 식민지 착취로부터 온갖 혜택을 받았기 때문에 우리에게 사람이란 것은 어떤 공범자라고 할 수 있습니다."[61]

사회문화적 그리고 정신적 차원에서 여전히 오늘날에도 존속하고 있는 식민 체제의 결과는 너무나 명백하고 때로는 극적이기도 하다. 두 개의 사회정치 체제와 두 개의 세계관은 박쥐도 아니고 아프리카인들을 생쥐도 아닌 피지배자 상황에 놓이게끔 만들고 있다. 백인들만 술집, 식당, 극장 등 훌륭한 시설을 접할 수 있었던 당시 식민 지배자들은 흑인들에게 혹독하고, 저속하고, 야만스러운 언사와 같은 온갖 굴욕을 안겼다. 그중 최악은 식민 지배자들이 아프리카의 모든 사회 조직과 문화의 파괴를 시도한 것이었다. 그들이 추구한 목표는 아프리카 문화의 완전한 소멸보다는 이전 문화를 지속적으로 짓밟는 것처럼 보였다. 예전부터 미래에 대해 활력적이고 개방적이었던 지역 문화는 종말을 고하고, 결국 식민지적 지위로 굳어지게 되었다. 그렇지만 짓눌린 지역 문화는 사라지지 않았으며, 존재하기는 하지만 동시에 무기력하게 되었다. 이러한 문화적 무기력은 개인적 사고의 무기력을 낳았다. 그리고 그처럼 교묘하게 조직된 작업의 논리적 결과는 바로 무관심과 무력감으로, 식민 지배자들은 이를 통해 이질적인 문화 속에서도 번창하는 것이 가능하다는 듯이 원주민들을 비난한다. 스스로의 열등감을 자책하고 마는 흑인들은 자신과 관련된 모든 신념과 사고를 우월한 백인종과 공유하게 된다. 또한 흑인들은 자신들의 문화 형태, 삶과 사고방식을 재판하고, 죄악시하고 그리고 폐기할 것이며, 결국 예고 없이 강요된 문화로 뛰어드는 난파자로 곤두박질칠 것이다.[162]

화폐는 모든 아프리카 사회를 변형시킬 것이다. 화폐는 재화와 서비스 교환에 근거한 폐쇄적인 경제에서 자본 추구의 경제로 옮아가도록 만들 것이다. 토지(예전에는 신성시되었으며 세속적인 것이 아니었다)와 고귀한 신분을 포함해 모든 것은 매수 또는 매도될 것이다. 화폐는 상품의 척도와 교환 도구가 되며, 축적할 수 있는 자본으로서의 상품이 되었다. 화폐는 가치들 중의 가치가 되었다. 모든 것은 화폐의 용도에 의해서 판단되고 있다. 이처럼 화폐는 아프리카 사회의 분열과 붕괴의 중요한 요인으로 작용하고 있다. 화폐와 더불어 개인주의가 공동체주의의 뒤를 잇게 되었다.

아프리카의 전통 사회에는 계급 투쟁도, 뚜렷한 사회적 분업도 없었다. 식민지 시대의 도래로 생산방식에서의 사적 소유의 출현, 공동체적 유형의 사회의 몰락, 수출을 위한 산업적 재배의 도입 등을 목격하게 되었는데, 이 모든 것은 외국 자본주의에 속한 것이다. 이러한 환경 속에서 나중에 거론되게 될 계급투쟁이 대륙에서 나타나게 되었다. 이러한 경제적 조건들은 자본을 축적하고 국내 노동자와 일꾼을 고용하게 될 아프리카 특권 계급의 출현을 가능케 했다. 결국 이는 명백한 자본주의적 과정의 시초인 것이다.[163]

아프리카의 '개화인'들 또는 지식인들에 의해 식민지 피지배자의 문화적 모델-유형이 제공되었음을 살펴보기 위해 문화로 돌아가자. 우선 그들은 지배자와 자신을 동일시하면서 자신을 부인하고, 상상적인 존재 속에서 자신의 고유한 문화를 부인하게 되었다. 다른 한편으로 자신의 정체성 또는 본래성이 불가능하게 보일 때, 그것을 긍정하기 위해 자신의 문화로 되돌아왔다. '개화인'들은 지배자들에게는 생소하고 무가치하게 보이지만 '전통' 문화에 의지한다. 결국 '개화인'들은 모호한 태도를 내보인다. '개화인'들이 식민지 지배자들의 행동 모델의 맹목적인 모방을 통해 유럽적 가치에의 동화를 추구하는 동안 그러한 흉내는 '개화인'들을 어느 정도 안심시킬 수도 있을 것이다. 모델도 아니고 완전한 복제도 아닌 그러한 흉내는 종종 원주민들에게서도 다시 나타난다. 아프리카의 지식인들 또는 '개화인'들은 가장 비인격화되고, 가장 비개성화된 개인들이다.[164]

4. 인간 비극에 직면한 흑인의 책임에 대해

흑아프리카인들의 가장 큰 결함은 외국인들을 항상 너무 환대한다는 것이다. 백인이 자신에게 행한 모든 과실에도 불구하고 흑인은 백인에게 항상 순진하게 그 유명한 환대를 보여주었다.

위에서 서술한 대륙에 상처를 안겨준 두 가지 비극에서 흑아프리카인들의 책임은 거의 명백하다. 그것은 책망받아 마땅한 나약함과 어리석음이라는 뚜렷한 특징을 보여주었다. 그러한 예로 우리는 몇몇 흑인들이 흑인 관련 행정에 어떻게 적극 협력했는지를 볼 수 있다. 마찬가지로 식민화와 관련해 많은 흑인이 식민 체제의 이행에 공헌했다. 우선 정복당한 마을의 남자들은 백인을 도와 다음 정복을 위한 군대를 조직했다. 어떤 왕들은 식민화에 협력하는 데 지나치게 열성적이기도 했다. 특히 콩고 군주의 경우가 그러한데, 그는 기독교로 개종한 이후 '물신物神들'을 모아 불사르려 했으며, 그것을 집안 또는 밖에 보관할 경우 사형에 처한다며 금지시키는 식으로 애니미즘 제식들에 적극적으로 맞섰다. 특히 이 군주의 가까운 친척인 한 여성은 이 훈령을 따르지 않아 생매장되기도 했다.[165]

고향인 농고Nongo에서 보낸 유년기 동안 우리는 예술적 가치가 큰 동상들을 불태우라고 백인 목사들에게 가져가는 부모나 지인들의 무리를 보았다. 그들은 몇 세대에 걸쳐 내려온 물신들, 마술적 물건들, 즉 가톨릭교회에 의해 비난받은 것들을 사이비라는 구실로 태우노록 만들며 고유한 문화유산의 파괴에 어리석게 참여했던 것이다.

결국 흑인들은 수동적이건 적극적이건 다양한 방식으로 자기 자신의 예속과 자기 자신의 살해에 일조했던 것이다. 이처럼 흑인은 강요에서 명백한 협력으로, 유혹과 수용을 겪으며 자신을 하나의 물건으로 축소시키게 되었다. 흑인들에겐 어느 누구에게도 선택의 여지가 없었다고 말할 것이다. 그럴지도 모른다! 그러나 선택하지 않는 행위는 이미 어떤 선택, 즉 선택하지 않음의 선택이다.

몇몇 아프리카인들의 공모 덕분에 식민화는 안착하는 데 성공했다. 오늘날에도 여전히 흑인들은 아프리카 지식인들의 공모를 아주 단순한 배신으로 무시해버린다. 그러한 아프리카 지식인들은 외국인들의 필요에 따라 선택된 개인들의 집단일 뿐인 것처럼 보이고,

그들의 사회적·정치적 신분 상승은 그들이 얼마나 지배자의 생활방식에 근접한가, 권력 즉 어떤 면에서는 강제력을 행사하는 생활방식에 근접한가에 달려있다. "권력 행사와 부의 분배를 위한 더욱 중요한 참여에서 정당성은 훈련과 교육 그리고 삶의 방식을 통해 지배자들과 가장 동일시된 아프리카 지식인들이 요구하고 있다."[166]

오늘날 흑인매매와 식민화에 대한 우리 공동의 책임은 이제부터 그것들을 우리 역사의 일부로 받아들일 것을 요구하고 있다. 그것들은 더 이상 무시해버려도 될, 우리와 아무 관계도 없는 일이 아니라 오히려 역사적으로 아프리카에 진 빚이다. 처참한 불행, 더욱이 아프리카 사회의 후진성을 야기하고 아프리카인들의 영혼 속에 끔찍한 혼란과 동요를 불러일으켰음에도 불구하고 우리가 그것들을 책임진다는 말은 그것들이 아프리카인들이 서로 결합할 수 있는 어떤 심리적 태도를 만들어낸다는 의미에서이다. 하나의 국가는 문화와 마찬가지로 단지 지난 영광의 기억들에 의해서만 이루어지는 것은 아니며 거주민들이 공통으로 겪은 고난들의 기억에 의해서도 이루어진다.[167]

만일 서양인들이 우리를 학살하고 착취했으며 지금도 여전히 착취하고 있다면 그것은 실제로 우리가 착취 가능하기 때문이다. 그렇게 착취당하는 상황 속에서 우리는 우리 스스로 매우 최면에 걸리기 쉬운 심성을 갖고 있다는 증거를 찾고, 보란 듯이 우리의 내적 허약성을 내보여야 한다. 우리는 그러한 사실을 스스로 인정하는 것에서부터 시작해 외세로부터 벗어나려고 노력해야 한다. 우리 자신의 허약성을 먼저 극복하고 난 다음 다른 세력을 물리쳐야 한다. 자유와 존엄을 이루기 위한 우리의 투쟁은 무엇보다도 우리 자신에 대한, 우리의 퇴보적인 삶과 사유 양식에 대한 투쟁이어야 한다. 그러한 투쟁은 전통 문화, 흑인매매, 식민화와 관련해 유산으로 물려받은 몇몇 원칙과 편견들에 대해 급진적이고 심오한 질문을 제기하는 데 있다.[168] 왜냐하면 "식민화와 착취는 사실상 식민지를 건설하기에 알맞고, 착취 가능하고, 온순했던 [……] 것으로 확인된 이곳, 다른 사람이 이용할 줄 알았던 허약한 면을 드러낸 이곳에서 기적적인 성공을 거두었기 때문이다."[169]

바로 얼마 전까지도 아프리카인들은 여전히 긴 하루에 지치고, 모욕당하고, 매를 맞았었다. 오늘날도 역시 지배당하고 있으니, 그것은 하인이나 열등한 자라서가 아니라 자기 자신의 열등감을 극복하지 못한 자이기 때문이다. 그는 에너지로 충만하며 지속적으로 매순간마다 사건의 흐름을 변경시켜주는 도덕적·신체적 성향을 지니고 있다. 남은 것은 조직 문제다. 그것은 세계에 대한 서로 상반된 두 가지 전망 사이에서 분열된 그의 전 실존적 존재가 발을 딛고 있는 모호성을 없앨 정신적 혁신이라는 근본적인 문제다. 아프리카인들은 뿌리 깊은 심리적 기질 속에서 방황을 계속하고 있다. 건강 문제를 앞에 두고 병원에서 치료를 받는 동시에 점쟁이나 목사의 조언을 구하는 것이 그런 예다.

식민화에 대한 우리의 관점을 제시하면서 이 단락을 끝맺기로 하자. 아프리카인들을 위한 자선사업들(학교들, 도로들, 병원들 ……)의 실천에도 불구하고 식민화는 아프리카 역사의 연대기 속에 어두운 시대로 남아 있으며, 계속 그렇게 남아 있을 것이다. 그것은 무엇보다 언제나 자본가의 이윤과 이득 추구를 위한 자본주의적 착취 제도였으며, 모든 사회 활동은 언제나 경제적 이익에 토대를 둔 것이었다. 식민화의 긍정적 측면들을 우선시하는 모든 이들에게 우리는 그것이 근본적으로 흑인에 대한 멸시에 기초한 일이었다고 말해야 한다. 분명 아프리카와 유럽의 접촉은 유용했고 필요한 것이기도 했다. 분명 그러한 접촉을 통해 수많은 선교사와 탐험가들이 때로는 생명을 희생하면서까지 그들이 가진 최상의 것을 주려고 했다. 하지만 그러한 접촉은 각자의 문화, 개성, 삶에 대한 존중 속에서 다른 방식으로 행해질 수 있었을 것이다.

아프리카 흑인들이 겪은 치욕과 착취는 불한당이 가득한 바다의 물 한 방울과도 같았던 그러한 소수의, 선량한 의도를 지닌 사람들의 친절을 조롱했다. 소위 자선 사업이라는 것은 아프리카의 풍요로움을 착취하는 데 종속되고 말았다.

우리는 또한 식민지 시기 동안 교회가 한 역할의 모호성을 규탄해야 한다. 우리가 비난해야 할 다른 악습이나 악마의 일들로 잘못 여겨진 조상의 건전한 전통에 대한 가차 없는 투쟁과 식민 세력과의 협력은 많은 사람들에게 기독교가 백인들에 의해 전파되고 그들만의 이익을 위한 사업이라고 믿게 만들었다. 식민지들에서 교회는 본연의 임무로부터 조금 벗어나 있었다. 아프리카인들 또한 식민지 피지배자를 그리스도의 길로 초대하는 대신 백인, 지도자, 압제자의 길로 초대했다. 그것은 아프리카인들에게 교회가 백인들, 이방인들의 교회라는 인상을 남겼다.[170]

하지만 예수 그리스도의 복음을 알리기 위해 유난히 비참한 상태에 있는 흑인 원주민들과 실제로 함께 살았던 몇몇 선교사들도 있었다. 그들에 대한 기억은 존경스러운 것이며, 그들에게 커다란 경의를 표해야 할 것이다.

4_ 아프리카 탈식민화 문제에 대해

식민지 지배는 아프리카인들을 그들의 문화유산으로부터 분리시키고, 그들 안에 있는 고유한 인간 정신을 죽이는 것과 다를 바 없었다. 그것은 실제로 아프리카의 영혼 속에 깊이 뿌리박지 못하고, 표면적인 변화만을 가져왔을 뿐이다. 식민지 지배는 아프리카의 도시와 시골들 사이에, 부유한 식민지 개척자의 세계와 가난한 아프리카인들의 세계 사이에, 그리고 특히 '개화인들'과 교육받지 못한 그들의 동족들 사이에 골을 파놓았다. 이 제도는 근본적으로 용인될 수 있는 것이 아니었다. 그것은 아프리카인들의 역사에서 불행한 사건이었다. 그것의 유일하고 진정한 의미는, 비난받아 마땅한 방식으로 아프리카 사회의 '일관성 있는 발전'을 늦추었다는 점에 있다.[171]

점령자들의 무력이 흑인의 사유 방식을 서구의 사유 방식으로 대체하기 위해 신체적·심리적 폭력을 사용한 것과 마찬가지로 아프리카인들은 자신들의 자유와 독립을 요구하기 위해 종종 동일한 폭력에 도움을 청하게 되었다.

1. 아프리카 독립의 변증법

아프리카인들의 삶 속에서 식민지 지배자의 출현은 사회의 죽음, 문화의 마비, 개인성의 몰락을 복합적으로 의미했다. 따라서 그러한 상태를 끝장내고 자유와 자율성을 쟁취해야만 했다. 독립은 주어지는 것이 아니라 쟁취해야 하는 것이다. 그리하여 식민권력의 폭력에 아프리카인들은 혁명의 폭력으로 답해야 했다.

총체적이고 체계적인 오랜 착취의 시간이 지난 후 아프리카인들은 집요하게 주권을 외치고 식민 체제에 '아니오'라고 말했다. 매우 강력한 방식으로, 때로는 극적인 방식으로 몇몇 장소에서 그것을 밝혔다. 제2차 세계대전 이후 아프리카 대륙이 마주한 특별한 상황은 아프리카인들의 가슴에 민족주의적 감정이 깨어나던 밑바탕에 있을 온갖 종류의 요소를 작동시켰다. 아프리카 독립의 밑바탕에 있었던 민족주의의 탄생에 기여한 외적 요소들 중에서 우리는 아프리카의 세계대전 참여, 미국과 소련의 반식민주의 정책, 유엔의 행동, 아시아의 선례 등을 언급할 수 있을 텐데, 물론 식민주의의 내적 모순도 잊어서는 안 된다. 내적인 차원에서는 식민 기계를 느리게, 하지만 확실하게 뒤흔들어 종결시킨 내적 동력에 주목해야 한다. 사실 전쟁 동안 아프리카에는 불행히도 전략 물자를 제공할 목적으로 강제 노동, 유혈 봉기, 보편화된 빈곤을 수반한 상당한 전시 부역이 강요되었다. 이러한 고통은 아프리카인들이 좀 더 인간다운 삶을 요구하게끔 만들었다. 게다가 자유와 평등, 박애를 설교하는 식민자의 담론과 아프리카에서의 차별 행위 사이의 이율배반은 아프리카인들의 의식을 각성시켰다. 우리는 노동자들, 지식인들, 학생들의 데모, 교회들, 정당들, 청년과 여성 협회들이 결합해 모든 아프리카 인들 속에서 민족주의의 감정과 자유의 욕망이 고조되도록 만들었던 점을 유념해야 한다. 이러한 민족주의는 민족적 각성, 기존 권력에 맞선 일종의 '통일운동Risorgimento'[172]을 목표로 했다. 이러한 의미에서 우리는 그러한 감정이 유럽인들에 대한 아프리카인들의 첫 번째 저항이 시작되도록 만들었으며, 어떤 후대가 되더라도 그것은 결코 완전히 사라지지는 않을 것이라고 말할 수 있다. 마찬가지로 처음부터 식민화라는 사실 자체 또는 식민화의 과오들에 항의하는 선의를 가진 유럽인들도 있있다.

이러한 맥락에서 식민지 해방은 처음에는 어떤 폭력 현상, 일종의 국가해방의 시작을 위한 '타불라 라사tabula rasa', 민족적 부흥, 국가의 민족에게로의 반환처럼 보였다. 기존 질서를 변화시킬 것을 제안하는 이러한 시도는 마술적 작용, 자연적 혼란, 두 명의 중심인물 사이의 친절한 합의의 결과일 수는 없었다. 그것은 천성적으로 정반대되는 두 세력 사이의 변증법적이고 역사적인 과정이었다. 식민지 지배자와 식민지 피지배자는 오랫동안 알고 지냈다. 즉 둘로 나뉘고 분리된 세계에 살았음에도 불구하고 하나가 다른 하나에 식민 체제를 부과하는 폭력과 갈등의 동거 속에서 알고 지냈다. 식민지 해방은 근본적으로 이러한 상태를 변화시키고 비본질성에 짓눌린 단순한 관망자로서의 식민지 피지배자를 특권을 지닌 행동가로 급격히 변화시켜 새로운 인간성을 가져오려 했다. 계속해서 폭력에 시달리던 식민지 피지배자는 마찬가지의 폭력에 의지해서만 자신의 자유의 과정을 구현시킬 수 있었다. 따라서 식민지 해방은 식민 상태에 대한 근본적인 문제제기로 나타났다.[173]

식민지 해방은 능동적으로 새로운 아프리카 국가들과 새로운 정부의 출현을 가져왔다. 새로운 정부들은 정치적이고 경제적인 방향을 지니고 있었으며, 예전처럼 예외 없이 세계의 다른 나라들과 외교 관계를 유지했다.

하지만 피식민 국민들에게 가장 기본적이고 가장 구체적인 가치는 우선 영토이다. 영토는 그들에게 빵과 존엄성을 보장해준다. 여기서 존엄성은 이상적인 '인간 개인'의 존엄성과는 아무런 관계도 없다. 식민지 피지배자가 알고 있는 것, 그것은 식민지 지배자가 그를 체포하고, 때리고, 굶주리게 하고, 살해하는 땅이다. 그러한 상황에서 식민지 피지배자의 도덕은 식민지 지배자가 벌인 폭력성을 깨뜨리고 자신의 땅에서 그를 축출하는 것이다. 아무리 좋은 것이라고 하지만 그에게는 식민지에게 악을 행하는 것처럼 보인다. 식민지 지배자는 사실상 인류의 적일 뿐이었다. 인간 본성의 보편성이라는 공리는 무시당하고 있는 관행들을 가릴 뿐이었다. 예를 들어 서구가 자랑하는 휴머니즘은 그러한 허위의식을 가리기 위한 모순적 어법일 뿐이었다. 그것은 "유럽인들은 노예와 괴물들을 만들어 내면서 인간이 될 수 있을 뿐이므로 인종차별적인 휴머니즘"[174]이었다.

불행히도 아프리카의 식민지 해방은 백인 착취자들이 백인들을 위해 일하는 새로운 흑인 착취자들로 대체되는 인종의 단순한 대체로 귀착되고 말았다. 아프리카 민중들이 보기에 독립은 실제로는 '문델레 은돔베mundele ndombe(위장된 백인)'에 의한 '문델레 mundele(백인)'의 대체로 귀결되고 말았다.

게다가 국가의 정치적 독립의 쟁취를 통한 아프리카의 식민지 해방은 식민주의의 후퇴를 야기했지만 일치된 방식으로 나타나지도 같은 순간에 나타나지도 않았다. 아직까지 식민지 국가들이 남아있던 1990년까지는 더욱 그러했다. 오랫동안 식민화되었던 아프리카 각국은 각각의 방식으로 독립운동에 참여했으나 유감스럽게도 그들을 지배했던 나라들과 일정한 관계를 유지해야 했으며 특혜까지 주기도 했다.

이러한 식민지 해방의 움직임 속에서 '개화인'들은 진정한 수혜자로 보였으며, 그들은 아프리카의 조용한 대다수 앞에서 특권 계급을 구성했다.

2. 아프리카의 사회계급

해방의 결과들 중의 하나는 의심할 여지 없이 아프리카에 고전적인 의미에서의 사회계급이 가시적으로 출현하는 것이다. 많은 이들은 얼마 전까지만 해도 아프리카에 사회계급은 없다고 계속해서 주장해왔다. 그러나 현실은 그렇지 않다. 실제로 아프리카는 압제자와 피압제자, 부자와 빈자 간에 계급투쟁이 격렬하게 펼쳐지는 중심지이다.

아프리카의 자본주의는 유럽에서 도입되었다. 이전에 이 대륙에는 자본주의 경영이 필연적으로 낳는 대립, 즉 가내 공업과 농업 사이에서 파생되는 필연적인 대립은 없었다. 식민지 이전에 아프리카에서 땅의 소유에 관해 이야기하는 것(그리고 땅에 포함된 모든 것의 소유에 관해 말하는 것)은 불순한 것이어서 차라리 용익권에 관해 이야기하는 것이 나왔다. 대지는 개인이 사적으로 소유할 수 없었다. 그것은 모든 공동체 소유였고, 공동체의 모든 구성원의 손이 미치는 곳에 있었다. 계급투쟁이나 현저한 사회적 구분이 이러한 전통적 아프리카의 공동체적이고 평등한 사회에는 없었다.[175]

그렇다면 이러한 아프리카의 전前식민지 사회는 사회 집단 간의 어떠한 사회적 긴장이나 모순도 없었던 지상낙원이었단 말일까? 그러한 현실은 생각할 수 없을 것이다. 모순이 사물의 본질 자체이기 때문이다. 갈등의 사회적 조정을 위한 다양한 메커니즘의 조합에 따라 아프리카 사회에 내재적인 안정성이 있었음에도 현저한 사회적 단절들을 야기할 수 있는 최소한의 대립들은 있었다.

디오프는 유럽과 고대 아프리카의 정치사회 체계를 비교연구 했다. 그에 따르면 오늘날 도처에 존재하는 사회계층과 흑아프리카에 존재했던 계급의 차이는 이차적인 사회 구조의 특수성 때문이었다. 그러한 특수성은 다음과 같은 사실에 있다. "사회에 대한 불만이 혁명적 대혼란을 야기할 수도 있는 사회의 역동적 요소들이 현실적으로는 사회적 조건에 만족하고, 사회적 조건을 바꾸려고 하지 않을 수도 있다. 소위 '하층 계급'은 소위 상층 계급으로 진입하길 단호하게 거부할 수도 있는 것이다."[176]

그러나 이러한 관점을 수용한다면 하층 계급은 지배 이데올로기의 힘 때문에 착취의 희생으로부터 벗어나기를 무의식적으로 포기하게 된다는 이야기가 된다. 그들은 그러한 자기만족으로 마비된 상태에서 종교적 실천과 온갖 사회 조직의 도움을 받는다. 디오프가 한 형태에서 보았던 것이 바로 그것이었다. 그는 다음과 같이 말하고 있다. "아무튼 아프리카에서 아버지로부터의 노예의 양도는 아버지의 의식이 진정으로 혁명적이기 위해서 물질적·도덕적 측면에서 매우 중요하다. 그러나 아프리카 사회의 산업혁명 이전의 특징과 관련된 여러 가지 이유 때문에 [……] 그는 혁명을 일으킬 수 없다."
177

그러나 고대 아프리카 사회조차 정적이진 않았다. 사회가 발전함에 따라 사회는 (자유로운 사람들로 구성된) 상층 계급과 소위 (노예로 구성된) 하층계급 등 2개의 뚜렷한 계급으로 나뉘었다. 우리는 자유로운 사람들 중에서 귀족, 농민, 장인을 발견할 수 있다. 그들의 직업은 거의 세습되었다. 노예들은 각 가정에서 왕의 노예, 어머니의 노예, 아버지의 노예로 세분화되었다. 그러나 유럽에서 진행되었던 것과는 달리 그리고 현재 국제 자본주의 체제에서 진행되고 있는 것과는 달리 귀족들은 민중들과 마찬가지로 자신들이 보기에도 밑바닥까지 전락하지 않고서는 노예를 물질적으로 착취할 수 없었다. 귀족들은 모든 곳에 참석해야 하고, 노예들은 그에 대한 대가로 귀족들에게 사회적 차원에서 우위를 인정해야만 했다. 이러한 체제에서 착취는 위에서 아래로 이뤄지기보다는 오히려 아래에서 위로 이뤄졌다. 게다가 노예들은 실제로 실세 장관과 주민의 모든 실질적인 대표들이 참석하는 위원회의 위원 자격으로 권력의 관리와 연결되어 있기도 했다. 이러한 맥락에서 식민지 시대 이전의 아프리카가 경험했던 모든 혁명은 체제에 반대한 혁명이 아니라 공동체의 관심사를 제대로 관리하는 일을 게을리 한 자격 미달의 군주들에 대한 반대를

겨냥한 궁정 혁명들뿐이었다.[178]

따라서 식민지 이전의 아프리카 사회에서 계층 분열의 맹아는 이미 존재했던 것으로 드러난다. 실제로 이 사회는 균질적이지 않았다. 즉 계층은 없었지만 아주 오래 전부터 더 이상 균질적이지도 않았다. 오늘날 계층이라는 개념은 독립 후에 나타난 아프리카의 현실, 즉 노동자 대중과 다양한 여성, 청소년, 노동조합 운동에 직면해 서구 제국주의의 이익과 지역의 부르주아 계급의 지배에 순응하고 있는 아프리카 현실을 가장 잘 이해할 수 있도록 해주고 있다. 아프리카에는 한편으로는 소수의 특권층이 있다. 그들 중에는 관료 부르주아, 군인 및 경찰 간부, 지식인, 자유직업인들(의사, 변호사……)이 있다. 다른 한편으로 노동자, 농민, 소작인, 소상공인 등으로 이루어진 다수의 피압제자들이 있다. 그리고 한편으로는 매판 상인 지배 계층과 다른 한편으로는 다량의 가난한 피착취자가 있다. 다국적기업들의 지배 계층에 비해 수적으로 열세이고 재정적·정치적으로도 힘이 열세임에도 아프리카의 지배 계층은 서구 자본가들의 재정적·상업적 이익에 집착하고 충성하기 때문에 경제적 권력을 누린다. 이 이기적이고 타산적인 소수는 외국 열강들에 의한 아프리카의 경제적 착취를 유지하도록 하는 역할을 하면서 다수의 피착취자들과 피압제자들, 굶주린 사람들 틈바구니에서 대단히 사치스러운 생활을 하고 있다.[179]

아프리카의 지배 계층은 외국인들을 등에 업은 눈에 띄는 권력을 가졌음에도 극단적으로 취약하다. 생명줄을 끊는 것으로 충분히 이 계층의 특권적 지위를 잃게 할 수 있다. 게다가 아프리카의 지배 계층은 탈식민지의 여명기에 각 사회 계층의 특징 등 유럽 사회를 전혀 몰랐다. 식민지의 백인들이 자국의 노동자 계급에서 절대 다수였던 만큼 매판 자본 지배 계층은 행동뿐만 아니라 언어와 의복 습관, 삶의 방식도 전력을 다해 그들을 모방했다. 삶의 방식은 식민지를 지배하는 패거리의 것이었으므로 진정으로 유럽 지배 계층의 것이 아니었다. 매판 자본 지배 계층은 식민 상황에서 인종차별 조직의 태도를 취했고, 결국 주인과 노예의 관계를 영속화하기 위해 계층이 아니라 인종을 모방했다. 한 종족에 대한 이러한 맹목적 모방에 따른 결함은 아프리카가 아직도 엘리트 사업가를 배출하지 못한 결과를 초래했다. 아프리카 경제는 사적 영역보다는 공적 영역에 더욱 집중되고 있으며, 아프리카 자본가들은 실제로 아주 적다. 아프리카 사업가들은 아프리카 대륙의 산업 발달보다는 불공정한 계약에 근거한 수입이 좋은 수수료 덕분에 그리고 외국에서 받은 '원조'를 기반으로 한 온갖 종류의 금융 조작(투기, 암시장, 부패 …… 등)을 통한 마피아식 활동으로 개인적 치부에 더 관심을 갖는다. 아프리카 사업가들의 부는 수많은 쓸데없는 세계여행은 말할 것도 없고 단지 과도한 색욕, 사교계의 쾌락을 열렬히 좇는 삶, 유럽 지역의 아파트를 마련하는 데 사용된다. 아무리 '자본가'라는 단어를 모든 의미로 확장해보아도 그에 부합하는 자본가가 아프리카에는 존재하지 않는다. 다만 아프리카의 진정한 사업 세계를 발전시킬 수 없는 외국의 독점 자본가를 도와주는 하수인 그리고 자국의 발전 문제에 무관심한 하수인이 있을 뿐이다. 아프리카의 자본가는 늘 빈곤하게 머물러 있어야만 하는 국가에서 홀로 부를 축적하는 방법을 찾을 뿐이다. 따라서 아프리카의 지배 계층은 제국주의자들의 이익에 대단히 광범위하게 의존하는 매판 자본 지배 계층일 뿐이다.[180]

막스 베버를 믿는다면 이득이라고 하는 것이 모든 자본주의 사회에서 물질적 필요를 충족시키는 데 종속된 수단, 끝없는 이익 추구, 돈을 벌고자 하는 갈증이 아니라 사람들을 이끌어가는 기본 동기 또는 목적인 이상 가능한 가장 많은 양의 돈은 현대 자본주의 정신과는 아무런 관계가 없다. 물론 돈을 벌어야 하고 늘 더 많은 돈을 벌어야 하지만 동시에 세속적 삶의 쾌락을 엄격하게 지켜야 한다. 노동은 현대 자본주의 정신에서 도덕적 의무로 여겨진다. 사람들은 노동에서 사고를 집중시키는 능력, 엄격한 경제 정신, 더 높은 소득의 가능성, 자기 통제, 이윤을 증대시키는 절제가 상호 연결되어 있음을 발견한다. 새로운 자본주의 정신의 창시자들은 투기꾼들, 조심성 없는 무모한 사람들, 모든 방면의 탐구자들이기보다는 학창 시절에 제대로 교육받고 선견지명이 있었으며 대담했던 사람들, 무엇보다도 "자본가는 검소하고 엄격한 '원칙'을 따라야 한다고 주장하면서 절도 있고 확실하며 통찰력 있게 자기 일에 헌신했던 사람들이었다." [181] 이러한 의미에서 앞서 말했던 것과 같은 그리고 대다수 우리 동포들에게 일자리를 마련해주었고 국가의 경제 번영에 참여했다는 만족감이나 자긍심에도 고무되지 않는 아프리카 사업가들은 진짜 자본가가 아니다.

3. 자유의 환상에 대해

아프리카의 정치적 독립은 유럽의 식민지 건설자들이 아프리카에 들어온 이후 대다수 아프리카인들이 현실적으로 삶에서 바랐던 행복도 자유도 가져오지 않았다. 독립은 압제와 경제적 착취의 종말도 또 아프리카 국가들의 정치적 삶에 대한 간섭에 대한 종말도 아니었다.

'우우루uhuru(독립 또는 자유)'를 집요하게 요구하면서 다수의 아프리카인들이 바랐던 것은 삶의 조건을 향상시키고 국가의 부에 참여하고 분배받을 권리에 참여하는 것이었다. 하지만 그들은 너무 일찍 환멸을 느꼈고, 결국 그들이 바랐던 독립이 환상일 뿐이었음을 알게 되었다. 아프리카에 주어진 독립은 격식에 따른 형식이었을 뿐이다. 독립을 쟁취한 것이 아니라 주어진 상황 때문에 어떠한 희생을 치르더라도 어마어마한 이익을 보존하고자 했던, 그리고 국가 경제의 지배권을 유지하고자 했던 식민주의 국가들이 견지한 협상 전략 때문에 그러한 형식을 달리 어찌할 수 없었다. 그것은 서곡에 그치고 말았다.

진정한 자유, 진정한 독립은 협상도 또 어떤 조건을 통해 얻어질 수 있는 것이 아니다. 그것은 필요하다면 피를 대가로 치르고라도 쟁취해야 한다. '개화인' 집단은 수십 년 동안 아프리카인들을 약탈하고 대량 학살했던 식민주의자들과 협상하면서 다수의 아프리카인들뿐만 아니라 특히 식민 개척자들의 총탄에 쓰러진 모든 사람들, 모든 희생자들의 기억을 배반했고, 이들의 삶을 희생시켜 현재와 미래의 아프리카인들이 진정한 자유와 주권을 숨 쉴 수 없도록 했다.

아프리카의 탈식민화 과정은 식민 체제와 다수 민중을 희생시킨 아프리카의 신생 지배 계층 간에 이루어진 잘못된 협상 타결의 이면에서 전개되었다. 이러한 협상은 아프리카 대륙이 충분히 교육받고 경험도 풍부한 인력을 갖지 못하고, 또 국제 경제와 외교 기구에 관한 지식을 갖추고 있지 못함에 따라 처음부터 잘못 시작될 수밖에 없었다. 아프리카의 협상가들은 결국에는 속임수로 끝내고 마는 식민 통치자들의 성향에 대해서도 이의를 제기하지 못했다. 오늘날 이러한 사취가 야기한 불공정한 협약은 침해할 수 없는 것이 되었고, 그러한 협약의 폐기를 통고하려고 한 아프리카 지도자들은 온갖 형태의 전쟁에 연루되거나 또는 아주 간단하게 그들 국가가 정치 무대에서 축출되었다.

아프리카의 독립은 사이비 독립이었다. 구식민 지배국들의 구식민 피지배국에 대한 반발의의 유형은 명목상의 통치권 수용과 실제적 독립의 거부라는, 의심의 여지가 없는 이분법에 따라 이루어졌다. 구식민 지배국들은 구식민 피지배국에 정치적 독립은 인정하지만 단 한 차례의 요술방망이로 경제적 독립을 경제 원조 프로그램으로 바꾸어 구식민 피지배국들의 경제적 독립을 탈취했다. 이러한 형식적 독립은 아프리카가 경제적 착취 대상으로 남아 있도록 만들었다.

아프리카의 탈식민화와 관련된 협상 용어를 분석해보면, 논의 주제가 경제적 이익들(은행, 통화권, 식민지 지배자들의 조차지, 재산 불가침 ……) 주위만 맴돈다는 점에서 식민화에 대한 박애주의자들의 논거는 명백하게 파괴되고 만다. 식민화의 문명적·복음적·문화적 사명은 더 이상 문제가 되지 않는다. 아프리카 국가들에게 주권을 양도하는 과정에서 보인 옛 식민지 지배자들의 이러한 태도는 사디즘도 허위의식도 아니고, 그저 다음과 같은 경제적 이유에서 나온 것이다. 즉 아프리카인들이 자신들의 부를 관리하는 것은 옛 정복자들의 경제적 균형을 심각하게 위협한다는 것이다. 식민 경제의 재배치를 통한 식민 협약의 유지, 예전에 식민화되었던 영토 내에서의 원자재 가공 공장 증설, 그리고 다른 외국 자본들과의 경쟁은 각 구식민 국가들에게는 죽느냐 사느냐 하는 문제와 다름없다.[182]

이러한 아프리카의 탈식민화의 형식적 특성은 다음과 같은 두 가지 흥미로운 일화에 의해 잘 드러난다.

— 첫 번째 일화는 벨기에인 장군이자 콩고 국군의 구 사령관이었던 얀센Jansens의 일화로, 그는 콩고 독립 다음날 콩고 군인들과의 한담 중에 흑판에 '독립 전=독립 후'라고 썼다.

— 두 번째 일화는 가봉의 전 대통령 음바M'BA의 일화로, 그는 파리 공식 방문 시 도착하자마자 "가봉은 독립 국가이지만 가봉과 프랑스 사이에는 아무것도 변하지 않았다. 모든 것은 예전처럼 계속된다."라고 선언했다. 실제로 프랑스의 의한 가봉 개발은 계속되었다. 독립의 구체적인 유일한 징표는 바로 이 개인이 가봉 공화국 대통령이 되어 엘리제궁에서 프랑스공화국 대통령에게 영접받았다는 점뿐이었다.[183]

오늘날 신식민지 지배자가 되어버린 구식민지 지배자들에게 있어 중요한 것은 더 이상 아프리카인들을 대량 학살하는 것이 아니라 (비록 그들이 때때로 그들에게 무기를 팔면서 다른 형태로 그렇게 하긴 하지만) 경제 협정을 수단으로 자기들의 합리적 이익을 보존하는 것으로, 중요한 것은 경제권의 보호다.

그렇지만 비록 구식민지에 윤리적 의식과 함께 자긍심 그리고 일정 정도의 존엄성을 가져다주었음에도 불구하고 아프리카의 탈식민화는 대부분의 경우 대중에게 즉각적이고 주목할 만한 변화를 가져오지는 못했다. 아무것도 결정할 수 없는 처지에 놓이게 된 그들은 종종 국가와 관련된 모든 것이 다른 데서 결정된다고 생각하게 되었다. 아프리카인들은 사회에 대한 고유의 계획을 입안하거나, 나라를 건설하거나, 자신들의 가치를 확고히 할 시간도 방법도 갖지 못했다. 경제적 예속을 유지하는 대가로 아프리카 국가들이 쟁취한 정치적 자유는 다시 한 번 미끼에 불과한 것이었다. 오늘날 그들에게는 민중이 요구하는 완전한 자유의 두 번째 단계로 넘어갈 필요가 있다.

아프리카의 그러한 자유는 실제로 개인들의 자유를 동반할 때에야 비로소 가능해질 것이다. 왜냐하면 파농이 너무도 잘 말하고 있는 것처럼 "국가의 진정한 자유는 개인이 자신의 자유를 불가역적으로 행사하기 시작한 차원에서만 존재하기"[184] 때문이다. 따라서 신식민화된 사람이 스스로 문제를 제기하고 서양 문화를 통해 자기 자신과 진정으로 거리를 취하지 않고서는 신식민주의에 직면해 거리를 취하는 것은 가능하지 않다. 도시 건설을 시도할 수 있는 사람은 오로지 해방된 개개인뿐이다.

명목상의 독립은 아프리카에 자유와 이성의 통치를 가져오지 못했다. 독립은 온갖 불행과 자포자기에 의해 소외당했던, 그리고 여전히 소외당하고 있는 사람들의 자유의 확립이 목적으로 주어질 때, 모든 차원에서 아프리카인들의 존엄성의 회복이 궁극적 목적이 될 때에만 의미를 가질 것이다. 아프리카인들에게 자유롭고 이성적인 삶은 폭력의 가능성과 늘 잠재적으로 존재하는 복종의 위험에 맞선 끊임없는 투쟁으로 이해되어야만 한다. 바로 이것이 에부시 불라가가 '문투'에 대해 말하면서 본질적으로 표현하고자 한 것이다. 그는 다음과 같이 말하고 있다. "문투족이 사용하는 자유의 개념은 앞으로 생성되어야 할 어떤 것이다. 내용은 먼저 도저히 받아들일 수 없는 것과 예전에 알려신 것을 거부하면서 정의된다. 그것의 적극적 내용은 문투족이 명명할 수 있는 비인간적인 것들 너머에 위치한다. 실제로 문투족의 역사는 자포자기, 자기를 사물이나 짐승, 일차적인 질료 상태로 환원시키는 상황-유형들, 인간이 모순적인 존재가 되는 한계 상황을 제공해준다. 역사적 이성과 이성적 자유는 비합리성과 독재의 경험 위에서 획득되었다. 그것들은 비합리성과 독재의 타도이자 전복이다."[185]

그럼에도 불구하고 아프리카인들은 그러한 자유와 이성을 개인성이 아니라 항상 사회성 속에서 찾아야 한다. 물론 모든 인간은 이성과 자유의 존재이지만 단지 자신 속에서만 그러하다. 다시 말하면, 자유롭고 이성적으로 될 가능성은 각자 속에서만 존재한다. 의식을 통해 자유와 이성은 각각의 아프리카인들 속에서 자아로 변모되어야만 한다. 그렇지만 헤겔이 생각한 것처럼, 자유는 실질적으로 많은 자유로운 사람을 가정하는 것이지 모든 자유로운 사람을 가정하지 않는다. 자유는 홀로 있는 한 개인에 의해 행사될 수는 없으며 민중의 품 안에서만 실현된다. 내가 타인들의 자유를 원칙으로 상정할 때만 나는 자유롭고, 타인들은 그들 편에서 내 자유를 인정하고 보장할 때 자유롭다. "어느 정도의 사람들 속에서만 실제적으로 존재하는 자유를 찾을 수 있다."[186] 이러한 자유는 인간에게 권리를 부여하고, 자유를 박탈당한 민중은 또한 권리를 박탈당하면서 가치 없는 사물의 지위로 추락하게 된다. 자유의 개념은 아프리카인들에게 있어서 공동-책임이라는 개념을 내포한다. 자유의 이러한 사회성을 사르트르가 '모두가 자유로울 때에만 나는 자유로울 수 있다'라고 단언하면서 인정한 바 있다.

아프리카인들은 아직 진정한 자유를 찾지 못했고, 총체적이고 진정한 독립을 아직 쟁취하지 못했다. 아프리카 독립의 실패는 어느 정도는 내적 혼란에서 원인을 찾아야만 한다.

4. 내적 혼란

여기서는 내적 혼란의 두 가지 경우만 지적하고자 한다. 아프리카의 비극에 있어서 어떤 이들에게는 너무나 해롭고, 다른 이들에게는 너무나 무기력한 역할과 관련해 '개화인'의 경우와 지식인의 경우가 있다. 아프리카의 독립의 목적은 단순한 정치적 독립에 국한되어서는 안 되며 무엇보다 사회의 총체적 변혁을 목표로 해야 한다. 그런데 앞서 말한 신식민주의의 공모자들은 종종 거대 권력에 의해 아프리카의 부가 개발되는 과정에서 얻는 부스러기 이익에 만족하며, 민중들의 진보와 안위에는 어떠한 현실적인 걱정도 하지 않는다.

4.1. '개화인'

애초에 기본적으로는 '개화인'들로 구성된 아프리카의 매판 상인 부르주아지는 식민주의로부터 이익을 취했던 계급으로, 독립 이후에도 신식민주의로부터 이익을 취하고 있다. 위에서 방금 말한 대로, 아프리카의 '개화인'들은 여러 가지 복잡한 메커니즘을 거쳐 아프리카의 탈식민화를 협상하기 위한 민중의 대표자들로 구성되었다. 불행히도 국가적·대륙적 대의를 대변하고 민중의 이익에 우선권을 부여하는 대신 그들은 경제적 지배를 유지하기 위해 정복자와의 온갖 종류의 타협을 받아들이면서 민중을 배반했고, 그 결과 그들의 목표가 백인의 자리를 대신해 똑같은 대륙에서 착취 체계를 유지하는 것임이 드러나고 말았다.

아프리카 흑인들은 오늘날 자포자기한 개인, 극히 단순한 표현으로 축소된 개인, 어떠한 사회보장제도의 혜택도 받지 못하고 운명의 잔인함에 내맡겨진 개인처럼 보인다. 육체적으로나 정신적으로나 공기와 빛이 부족한 빈민굴에서 비극적인 삶을 영위하고 있다. 그리고 어제의 '개화인'과 오늘의 신흥 부르주아지는 민중의 불행에 만족하고 위안을 삼는 듯이 보인다.

식민화는 '개화인'과 그들의 아프리카 동족 사이에 간극을 팠다. 아프리카 '개화인'들의 주요 관심사는 가능한 한 백인을 닮는 것이고, 백인에 의해 유사하다고 인정받는 것, 곧 비개화된 토착민들과는 아주 다르다고 인정받는 것이다. '개화인'들은 모든 점에서 백인처럼 살려고 애썼고, 결국 그의 종족으로부터 피부, 행동의 자발성과 미소만을 간직한 채 검은 피부의 백인, '문델레 은돔베'로 살고 싶어 했다. 어제의 '개화인'들은 현재 정치적·경제적 지도자들이 되어, 규율과 노동에 대한 사랑이 아니라 물질적 재산의 향유를 통해 황금만능주의를 내면화하고 정복자와 닮고자 하는 야심을 키우고 있다. 아프리카의 현 지도자들의 정치적 행로의 동력은 모두의 이익과 민중의 안위라기보다는 개인의 이윤과 명분 없는 부의 추구이다. 통치권을 얻었음에도 불구하고 아프리카 국가들은 이전의 식민 착취 체제를 수정 없이 잔존시켰고, 그것은 여전히 남아 있다.[187]

이러한 조건 속에서 탈식민화는 인간 상호 간에 새로운 관계를 창출하기는커녕 슬픈 기억 속의 식민 시대와 같은 것으로 귀결되고 말았다는 점에서 단순한 대치이자 눈가림이라고 할 수 있다. 민중의 안위가 목적이 아니므로 탈식민화는 모든 정당화를 민중 속이 아니라 민중 밖에서 찾고 있다.

아프리카는 자신의 행복과 발전에만 집착하고 있는 '개화인'들에 의해 배반당하고 있다. 그것은 철저한 배반이다. '개화인'들과 정치 지도자들 편에서의 배반이다. 그러나 또한 지식인들 편에서의 배반이기도 하다.

4.2. 아프리카의 엘리트

아프리카 지식인들은 거의 대부분 외국의 필요에 따라 선택된 일군의 남자들로, 해방된 노예의 아말감 즉 개별적으로 해방된 일종의 노예 계급으로 나타난다. 대륙의 독립 이후 발전 과정을 견인하기 위한 진정한 지도자나 성실한 대중과 농부들의 모델이 되는 대신 그들은 백인 정복자를 모방하려는 강렬한 열망과 수작업에 대한 전례 없는 경멸에 의해 자신들의 행동을 구별 지었다. 식민지 학교에서 교육받은 이들은 학업 후에 대중과의 관계에 있어서 노동과 책임감을 피하려고 애쓰며, 자신들의 학위에 걸맞은 상황을 찾아 나섰다. 그들이 받은 교육에는 기능적이고 실용적인 방법론이 부족하기 때문에 경험 부족에다 주변 환경의 현실에 대한 부적응을 빈번히 낳게 되었다. 당시 식민 정권의 보조자로 교육받은 그들에게 아프리카 현실과는 실제적인 관계가 없는 너무나 문헌적이고 불필요하게 교육

을 과도하게 주입했던 것이다.[188]

　아프리카 지식인들을 특징짓는 가장 큰 결함은 대중들과 항상 구분되어 자신들을 엘리트로 만들고자 하는 경향으로, 이전에 민중의 이익을 배반하며 '개화인'들이 밟았던 길을 그대로 따라간다는 점이다.

　엘리트주의의 신봉자들에게 있어서 권력을 쥐고 행사하는 자는 늘 소수이다. 이 소수는 아무리 엄격한 민주 제도일지라도 늘 다수의 통제에서 벗어나 있다. 결정적인 권력은 언제나 소수 '엘리트'에 의해 행사되는 법이고, 대표적인 성공 수단은 한결같은 힘에서 나온다. 반면 대중은 무기력하고 복종적이며 순종적이다. 스스로를 엘리트로 만들어가면서 아프리카 지식인들은 자신들의 위치를 결정한다 지배 계급에 내재한 엘리트주의는 본질적으로 계급적 편견에 기반해 있다. 이러한 편견이 지배 계급이 대중에 대해 느끼는 경멸감을 조장하고, 자본주의적 착취를 강화한다. 엘리트주의는 프롤레타리아와 사회주의의 적이다. 그것은 아프리카에 사회의 근본적인 변화를 가져오는 데 목적이 있는 것이 아니라 소수에게 식민 권력의 자리를 마련해주는 데 있다.[189]

　식민지의 학교는 자본주의적인 부르주아 사상을 갖춘 정치 엘리트를 양성하는 것을 목적으로 한다. 아프리카의 '인텔리겐치아'는 본질에 있어 서구의 사상 교육을 받았다. 이러한 '인텔리겐치아'를 형성하면서 식민 지배자들은 모든 영역에서 자신들의 조교 역할을 할 수 있고, 정치적·경제적 필요에 동시에 부응하면서 잘 선택된 엘리트의 발전을 보장할 수 있는 지역 간부를 만들려는 야심을 가졌다. 그들은 전통적 지도자와 귀족의 자녀들에게 우선권을 주는 것으로 시작했다. 왜냐하면 출신에 따른 이들의 명성이 그들 눈에는 지식이 불어넣게 될 존경심을 강화시켜줄 것이기 때문이었다. 이렇게 해서 상층 사회계층은 아프리카의 대부분에서 높은 교육 수준을 따라가게 되었다. 식민지에서 엘리트를 양성하려는 이러한 야심이 어디서나 느껴졌던 것은 아니다. 영국인들(몇 명의 흑인 아이들을 '공립학교'에 보냈다)과 프랑스인들과는 반대로 벨기에인들은 콩고에서 이름에 걸맞은 인텔리겐치아를 결코 양성하려고 하지 않았다.[190]

이 '인텔리겐치아'들은 권력과 물질적 이익에 탐욕스럽고, 대중 집단에서 유리된 채 집단의 행복을 추구하지 않는다. 현재의 아프리카는 이 집단을 어찌 해야 할지 모르는 상황이다. 이러한 '인텔리겐치아'들은 가짜 인텔리겐치아들이다. 아프리카는 과거보다 현재 더 '투쟁적'이고 '유기적'인 지식인을 필요로 한다.

자기 이익만 추구하는 신식민주의는 아프리카 대중의 정당한 행복을 고려하는 사회적·경제적 변혁 계획을 수행할 능력이 없다. 무엇을 하든, 기간이 어떻든 신식민주의는 대중이 근심을 떨쳐버리고 보다 큰 존엄성과 자유를 누릴 수 있게 해줄 수 있는 사회적·물질적 조건을 영원히 제공해 줄 수 없을 것이다. 이러한 조건 속에서 순진하게 아프리카의 발전을 위해 신식민주의자의 관대함이나 친절을 요구하거나 믿어서는 안 될 것이다. 아프리카의 발전은 투쟁 속에서, 투쟁에 의해서만 얻어질 수 있다. 이 투쟁의 의미는 진정하고 완전한 독립과 진짜 자유를 얻는 것이다. 이로부터 아프리카인들은 자신들의 운명을 온전히 손에 쥐게 될 것이다. 아프리카 대륙을 위해 굴욕적인 조건하에 가끔씩 제공하는, 목적과 이익이 분명한 '원조'와 몇몇 드문 투자는 우리 민중의 물질적·지적·윤리적 대불행에 마침표를 찍지 못할 것이며, 경제 발전 또한 가져오지 못할 것이다. 아프리카의 해방은 우리에게 식민 체제와 신식민 체제의 종말을 의미한다. 그리고 각각의 아프리카 지식인들은 다음과 같은 것 중 하나를 선택할 수 있어야만 한다. 아프리카를 향한 사명을 발견해서 그것을 완수할 것인지 아니면 배반할 것인지를 말이다.[191]

5_ 아프리카 문화의 복권에 대해

여기서는 아프리카 문화의 복권과 관련되어 있으며 동시에 아프리카 이데올로기의 본질을 이루고 있는 몇 가지 사조를 검토해보기로 하자.

백인들의 모욕에 대한 흑인들의 가장 뚜렷한 저항은 정치를 통해 표현되고 있다. 아프리카 흑인들은 흑인을 식민화하고 부정하려는 이데올로기에 대항해 긍정과 해방의 이데올로기를 내세우고 있다. 이것은 우선 문화 영역에서, 그리고 정치 영역에서 드러나고 있다.[192]

흑인 영혼의 복원은 아메리카에서 시작되었다. 거기서는 노예무역으로 끌려간 흑인 노예들이 문화 영역을 통해 자신을 표현하는 것 외에는 다른 선택의 여지가 없었다. 그들이 들판과 광산에서 매일 수행해야 했던 고된 노동은 종종 노래와 춤의 리듬에 맞추어 진행되었고, 이를 통해 흑인들은 남녀를 가리지 않고 자신을 통째로 제물로 삼았던 체계적인 압제에 대한 염증을 표시했다. 이 모든 불만은 종교 영역으로 옮겨감으로써 흑인 영가를, 그리고 재즈 음악을 탄생시켰다. 그것은 저항 운동이었으며, 모욕적인 대우에 대한 염증의 표현, 그리고 자신들의 '모국-아프리카'에 대한 향수의 표현이었다.

아프리카 이데올로기는 당시 이산된 흑인 집단에 침투했는데, 듀 보이스W. E. B. Du Bois[193], 마커스 가비Marcus Garvey[194], 프리스 마르스Dr Price Mars[195]라는 세 명의 아메리카 흑인이 주도했다. 그들은 모두 흑인종과 아프리카 대륙의 복권을 위해 필사적으로 투쟁했다. 그들은 자신들의 이념적 기획을 통해 흑인들의 본고장 대륙으로의 이송과 '아프리카합중국'의 창설이라는 공통의 이상을 추구했는데, 그러한 기획은 특히 듀 보이스의 후원 아래 이론적인 윤곽과 더불어 '범아프리카주의'라는 명칭도 얻었다. 하지만 그러한 기획은 씨족에서 벗어나 아프리카 현실에서 멀리 떨어져 성장한 소수 지식인들의 이데올로기에 머물렀으며, 추방, **노예화**, **착취**, 압제, 인종차별이라는 특수한 상황에서 싹텄다. 이산된 흑인 집단의 사회적 권리 요구 운동은 셍고르의 네그리튀드와 은크루마[196]의 범아프리카주의의 기원이 되었다.

1. 범아프리카주의

대서양 너머에서 싹텄던 이 사조는 은크루마에 의해 검은 대륙에 전해졌고, 오늘날 아프리카연합(UA)이 된 아프리카통합기구(OUA)

의 창설의 기원이 되었다. 여기서 전자는 아메리카합중국(USA)이나 유럽연합(EU)처럼 아프리카합중국의 창설을 목표로 하고 있다.

미국에서 철학과 신학 교육을 받는 동안 은크루마는 자신이 획득한 몇몇 중심 개념에서 출발해 어느 정도 정치적 확신을 갖게 되었다.

― 첫 번째는 특히 자본주의적 제국주의에 관한 레닌의 이론과 관련된 것이다. 그는 공산주의 환경과 무수히 접촉한 결과 그러한 이론을 도출해냈다.

― 다음으로, 듀 보이스로부터 인종 간 평등이라는 혁명적 관념과 이를 실현하기 위해 이론과 실천면에서 투쟁할 필요성을 받아들였다.

― 끝으로, 그는 가비에게서 아프리카합중국 창설을 통해 주로 흑인 해방을 추구하기 위한 종교적·정치적 메시아 사상을 받아들인다.[197]

불행히도 그의 범아프리카주의는 실제로 고국 가나에서 정치적 역할을 수행하면서 모종의 민족주의에 부딪쳤다. 오래지 않아 그는 독립을 쟁취하고, 영국의 자본주의적 제국주의에 대항하는 투쟁 도구로 바꾸기 위해서는 국가 권력을 탈취할 필요성을 느꼈다. 어떠한 희생을 치르더라도 완전한 독립, 즉 정치, 경제, 문화 모든 면에서의 독립에 관한 자신의 생각을 구현하고자 노력했지만 그의 정치 인생은 짧았다. 제국주의자들에 의해 고국의 대통령직에서 물러나게 되었기 때문이다. 그는 그들의 이권에 심각한 장애 요인이 되었던 것이다.

은크루마가 진정한 정치 철학인 '**의식주의**consciencisme'를 통해 이론화한 사회주의 정치의 시동을 건 것은 고국의 독립 이후였다. 그에 따르면 (과학적) 사회주의만이 아프리카 각국에서 세워질 수 있고, 대륙의 경제적·정치적 통일과 구조적 동질성을 강화할 수 있다. 이러한 사회주의는 아프리카적 개성의 독창성을 지키면서도 이슬람과 기독교와 더불어 서구로부터 유입된 긍정적인 기여를 간과하지 않을 것이다.

하지만 범아프리카주의 사상은 여전히 진행 중이라는 사실을 염두에 두자. 왜냐하면 아프리카의 정치지도자들이 최근 어쨌든 법적 형태를 갖추어 '**아프리카연합**'을 설립했기 때문이다.

2. 네그리튀드

이는 흑인의 자기주장과, 서구성에 대한 환상과 동화의 실패에 직면해 자신의 고유한 가치에 입각한 고유한 세계를 구축하려는 염원에서 생겨났다. 이는 원천으로의 회귀를 나타내며, 흑아프리카 문화의 독창성과 차이를 찬양한다.

네그리튀드는 에메 세제르Aimé Césaire, 레옹 다마Léon Damas, 레오폴 세다르 셍고르라는 세 명의 흑인 대학교수의 작품이었다. 비록 공통의 기획이었지만 각자는 개인적인 자취를 남겼다.

'네그리튀드' 개념은 1939년에 간행된 『귀향 노트Cahier d'un retour au pays natal』에서 세제르에 의해 만들어졌다. 이것은 플리니우스에게서 '니그리투도Nigritudo'라는 라틴어 형태로 다시 찾아볼 수 있는데, 그것은 검다는 사실, 흑색 또는 검은 색을 뜻한다. '네그리튀드'

나 '흑인성'은 흑인의 자기표현 방식을, 좀 더 정확히 말하자면 흑인들의 삶이나 작품이 표현하는 흑인 문명의 가치 전체를 가리킨다. 세제르는 이를 "흑인이라는 사실의 단순한 인정, 그리고 이러한 사실, 우리 흑인들의 운명, 우리의 역사, 우리 문화의 승인"으로 규정한다.[198]

생고르는 나름대로 '네그리튀드'라는 용어가 객관적이며 주관적인 두 가지 모습을 갖고 있다고 생각했다. 그것은 동시에 흑인 문화이며 흑인들의 행동이다. 그리하여 그는 우선 '객관적으로' 네그리튀드를 하나의 문화로, "흑아프리카 민족뿐만 아니라 아메리카, 더 나아가 아시아와 오세아니아의 소수 흑인들의 경제적·정치적·지적·도덕적·예술적·사회적 가치들의 총합"으로 규정한다. 그리고 '주관적으로' "그것은 이러한 문화적 '사실의 승인'이며, 이를 재탄생시키고 완성할 흑인 문화와 역사의 미래로 투사하는 것이다."[199]

이 후자에 따르면 네그리튀드란 관습, 과학, 기술, 예술 작품, 문학 속에 담겨 있는 흑아프리카 문화에 다름 아니다. 따라서 그것은 흑아프리카 민족들의 사유, 감각, 행동방식을 밝혀주는 인종, 역사, 지리의 산물이다. 그것은 민족주의나 열등 콤플렉스와 닮은 것이 아니라 성숙해지기 위해 자기 자신이 되려는 의지로서, 분명 흑인 문화의 가치들을 풍요롭게 하고 현실화한 다음 남에게, 그리고 남을 통해 구현하도록 하기 위해 그러한 가치들을 수용하려는 의지로서 나타난다. 또한 네그리튀드의 모든 미덕과 가치들, 즉 현대 세계와 화합할 수 있고 "다른 문화들과 밀접한 관계를 유지하며 보편적인 문화를 구축하는 데 쓰여야 하는"[200] 그런 미덕과 가치들을 인식하게 만드는 것이 문제라는 점에서 그것은 보편적인 휴머니즘이다.

네그리튀드의 기본 가치들은 감정적 성향, 실존적이며 직관적인 존재론, 기능적이며 통일적인 참여 예술에서 찾을 수 있다.

이성이나 지성에 대한 서양의 독점권을 인정하지 않은 세제르와는 달리 셍고르는 설사 스스로는 부인하고 있지만 어떤 의미로는 흑인을 감정과 직관에 지배되는 존재로 만듦으로써 백인의 (추론적인) 이성의 독점권과 우월성을 인정한다. 예를 들어 그는 "감정은 흑인의 것이며, 이성은 고대 그리스인의 것이다"라고 말한다. 그로부터 그는 마침내 지식의 관점에서 백인과 흑인 사이의 차이를, 따라서 서양 철학과 아프리카 철학의 대립 구도를 이끌어낸다.

그에 따르면 흑아프리카인들과 백인 모두 설사 이성을 지니고 있더라도 우선 전자는 보다 직관적인데 반해 후자는 늘 추론적이다. 흑인은 대상을 보기 전에 느끼며, 대상을 접촉할 때나 보이지 않는 것이 발산하는 파장에 즉각적으로 반응한다. 흑인은 감정에 따르지 않더라도 직관적으로 인지하는 대상과의 모든 접촉에 열린 감각을 지니고 있다. 따라서 직관적 이성 또는 감정에 사로잡힌 이성을 지니고 있다. 반면 유럽의 백인들은 멀리서 대상을 포착하며 거리를 두고 바라보고 분석하며, 이를테면 대상을 이용하기 위해서 길들인다. 이들은 추론적 이성을 지니고 있다.[201]

이러한 상황에서 '아프리카 철학'은 서양 철학과 구별된다. 서양 철학은 인간과 세계를 이분법으로 나누고 세계를 지배하려는 의지로 특징지어진다는 점에서 이중적이다. 반면 아프리카 철학은 균형과 조화의 감정으로 지적 존재를 자연과 일치시키며, 우주의 힘과 일체가 되어 살려는 염원으로 특징지어진다.[202]

우리로서는 우선 이렇게 생각한다. (백인이건 흑인이건 황인종이건)

어떤 인간에 있어서도 일정한 지성과 함께 일정한 감정이 존재한다고 말이다. 따라서 이성은 어느 한 인종의 전유물이 아니다. 따라서 우리가 보기에 네그리튀드는 어떤 한계를 적나라하게 드러낸다. 그것은 인간에게 고유한 존엄성을 요구하는 것으로 만족한다. 그것은 단순한 문화적 복원에 머물며, 정치 조직의 필요성을 주장하는 것이 아니라 흑아프리카 문화를 재탄생시킬 수 있고 이를 존중하도록 만들 수 있는 예술 작품의 창조를 통해 자신의 존재를 뚜렷이 나타내려는 욕구를 강조한다. 그리하여 결국 네그리튀드는 자신들을 동화시켰던 백인으로부터 어떠한 인정도 받지 못했던 흑인 엘리트들의 열등 콤플렉스처럼 보인다. 일종의 체념의 감정처럼 보이는 것이다.

하지만 엘룽구처럼 셍고르가 말하는 네그리튀드의 장점을 인정하기로 하자. 그것은 세 가지 기본 행위로 구성되어 있는데, 문화적 저항이나 동화의 거부, 자신의 문학 작품에 대한 주체적 관점, 그리고 아프리카 흑인 문명의 핵심을 제시하는 것이 그것이다.[203]

3. 아프리카 사회주의

이와 관련해 아프리카 사회주의나 아프리카 식 사회주의라는 말은 셍고르와 니예레레라는 아프리카 사상가이자 정치가인 두 사람이 즐겨 사용하는 주장이다.

우선 셍고르가 있다. 그는 네그리튀드 이론을 정립한 다음 전통 아프리카 사회의 평등주의적 구조와 공동체주의에 기초한, 오직 아프리카에게만 적용될 수 있는 사회주의 형태를 주장하기 시작했다.

『자본』의 결론은 서구 유럽에만 유효하다는 마르크스의 경고에서 출발해 그는 공산주의의 오점이 전혀 없는 프랑스 사회주의의 오랜 윤리적 경향을 되살리면서 아프리카 영혼의 요청에 부응하는 영적 가치들을 통합할 수 있는 사회주의를 권장하기 위해 애썼다. 따라서 그에 따르면 사회주의는 본래 집단주의적인 아프리카 사회에, 그리고 자본주의가 식민화로 인해 이질적 요소가 되어버린 아프리카 사회에 이미 존재한다. 그는 결국 '중도'를, 곧 자본주의적 물질주의와 공산주의적 유물론에 대립하는 '민주적 사회주의'를 택한다.[204]

그는 모든 형태의 소외에 맞서고, 인간이 자신의 고유한 존재를 자유롭게 실현시킬 수 있도록 해주는 과학적 사회주의의 휴머니즘적 특성 등과 같은 유물변증법의 방법이 타당하다는 것은 인정한다. 그러나 그는 여러 가지 이유로 과학적 사회주의와 거리를 둔다. 그 이유는 다음과 같다.

1) 마르크스와 엥겔스의 인식들은 그들이 살던 시대에 알맞은 것, 다시 말해 그들의 시대의 철학과 과학의 진보에 국한된 것이다.

2) 과학 혁명에 따른 새로운 인식론의 출현, 직관에 근거한 이러한 현대적 인식 방식은 어떤 면에서는 변증법적 방법론을 넘어서는 것이다.

3) 이분법에 기초한 변증법은 사물을 느끼고 사물과 공감하고자 하며 직관적인 아프리카 흑인들의 인식 방식과 상반된다.

마르크스의 사상을 지배하고 있는 오로지 유물론적이고 결정론적인 가설과 무신론에 대한 거부를 넘어 그의 사상을 아프리카에 적용하기를 거부하는 주된 이유는 아프리카는 계급이 없는 대륙이고, 특히 돈이 주인처럼 군림하지 않는, 이해관계를 떠난 종교적 대륙이라는 점이었다. 계급 갈등을 바탕으로 형성된 서구 사회와는 반대로 아프리카 사회는 여기저기에 카스트 제도들이 존재함에도 불구하고 투쟁적인 사회계급들을 사실 잘 모르며, 거의 대부분의 토착민은 빈곤하다. 이곳에서 소외는 어떤 한 계급에서 다른 계급이 아니라 피정복 국가에서 정복 국가로 나아가면서 나타난다. 문제는 인종의 억압과 소외인 것이다.[205]

즉각 셍고르에게 모든 사회는 역동적이고, 그렇기 때문에 상호 지배와 대립에 근거하고 있다고 반박할 수 있을 것이다. 그리고 마르크스의 사상은 창설자들이 진척시켜 놓은 것에 결코 얽매지 않는데, 그것은 무엇보다도 사회 발전에 적응하는 역동적 방법론이자 지속적인 발전 속에 있는 체계인 것이다. 현실을 향해 늘 열려 있고 구체적인 상황에 대한 명확한 연구를 통해 계속해서 풍부해지는 담론으로 인식되고 있는 그의 사상은 아프리카 현실 분석에 매우 적합한 도구임에는 틀림없다.[206] 또한 오늘날 사회계급들은 다행히 서구와 지역의 부르주아 계급에 의한 이중 착취와 인종과 계급의 이중 소외의 희생자인 아프리카에서 투쟁 중에 있음을 간과해서는 안 될 것이다.

다음으로는 '우자마ujamaa(가족)'와 '자립self reliance(자급자족)'에 의거한 니에레레의 사회주의가 있다.

그가 탄자니아에서 부활시키려고 했던 사회주의는 사회주의의 원칙들을 토대로 조직되었던 전통적 아프리카에 부합하는 사회·경제조직의 유형을 내포하는 정신적 태도였다.

이 사회주의는 '우자마'로, 다시 말해 아프리카에서 경험할 수 있는 가족 내에서의 다양한 상호 약속에 관한 사고를 탄자니아의 국민 정신에 도입시킨 가족적 상태를 말한다. '우자마'라는 개념의 사용은 사회주의가 외국 이념에 근거하지 않고 민족적 수준으로까지 끌어올려야 하는 가족정신에 근거해 구축되어야 함을 의미한다. 모든 아프리카 사회는 가족으로서, 다시 말해 모든 사람들이 근본적으로 평등하고 서로를 위해 희생하는 공동체로 기능해야 한다.[207]

이러한 전통적 사회(니에레레는 여기서 사회주의의 원리들을 끌어내고 있다)에서 각자의 노동은 공동체 전체의 발전과 삶에 기여해야 한다. 이 세계는 노동자의 세계였으며, 어느 누구도 다른 사람의 피땀으로 살지 않았다. 공동체가 부유한지 빈곤한지에 따라 개인은 부자이거나 가난했다. 탄자니아 국민이 '자립', 다시 말해 자급자족을 확보하기 위해서는 이러한 조직 모델로부터 영감을 받아야만 한다. 공동체 정신은 각자와 모두가 일용할 양식, 의복, 집의 최소한을 보장받고, 교육, 건강관리, 식수, 운송을 모두가 마음대로 평등한 방식으로 사용할 것을 요구한다.[208]

다시 니에레레의 말을 빌리면 모든 사회주의 사회에 본질적인 특징들이 존재하는 한 사회주의는 보편적이다. 이 사회주의 사회에 있어 인간은 모든 사회 활동의 목적이지만 이 사회주의가 완전히 일치하는 것은 아니다. 왜냐하면 사회주의는 사람들 사이에 그리고 사회들 사이에 존재하는 상이함을 고려해야 하기 때문이다. 따라서 그것은 마르크스의 저서에 대한 하나의 일률적인 해석으로 성립될 수는 없다.

그런데 니에레레가 건설하려고 한 사회주의는 종교와는 관계가 없는 것으로, 중립적이고 모든 신앙을 존중하는 것이다. 그는 인간과 인간이 사회에서 해야 할 책임에만 관심이 있지 인간이 일상생활에서 신에 대한 믿음 또는 믿음을 위해 행하는 종교예식에 의해 고취된다는 사실에는 관심이 없다. 신에 대한 신앙과 내세에 대한 믿음은 자신에게만 관련된 개인적인 일이다. 그리고 폭력 혁명은 사회주의 제도의 정착을 용이하게 해 줄 수는 있겠지만 사회주의적 태도가 무르익는 걸 어렵게 만든다는 것이 니에레레의 생각이다.[209]

그렇지만 우리는 그가 저개발국으로 식량부족 국가였던 자국에 사회주의를 적용해 식량의 자급자족을 이끌어낸 공적을 강조해야 한다. 탄자니아에서 사회주의의 적용은 개인의 물질적 성공보다 모두의 행복에 대한 배려에 더 큰 관심을 가질 수 있도록 해주었고, 몇몇 기업의 국영화를 이루었고, 고위 관료들의 명분 없는 부의 추구와 막대한 사치에 맞선 투쟁을 가능케 했다. 그러나 그의 조국은 종속에 의한 세계 경제 환성의 피해가였다 게다가 "더욱이 경제 분야에 있어 우리나라는 다른 민족들이 우리의 참여나 합의 없이 정한 경제적·정치적 결정과 갑작스러운 변화에 항상 좌지우지 되고 있다. 그리고 정치적·경제적 합의점에 있어서는 어떠한 상호성도 존재하지 않는다. 탄자니아는 늘 종속된 국가이지 상호의존하는 국가는 아니다"라고 말하는 것을 볼 때[210] 본인 또한 조국이 겪는 종속국으로서의 피해를 인식하고 있음을 알 수 있다.

만일 이러한 아프리카 사회주의에 대한 전반적인 판단을 표명할 수 있다면 우리는 아프리카의 사회주의 동조자들이 세계 자본주의에 대한 공격을 거부하고 모든 식민경제 구조를 그대로 둔 채 실제로는 사회주의를 포기할 것이라고 말할 것이다. 사회주의의 원리들은 보편적이고 부동의 것이며, 생산방법과 분배양식의 사회화를 지향한다. 따라서 그러한 사회주의는 아프리카에 특수한 사회주의적 구조의 존재를 이론적으로 제시하는 것에만 전념한 일관성 없고 근거 없는 개념처럼 보였다. 더욱이 그러한 사회주의는 정치 지도자들이 정치적 기회주의로 공표한 것으로, 그들은 사실상 세계 자본가들의 이익을 위해 종사했다. 한편으로 그들이 일관되게 맹세하는 좌파의 화려한 선언들과, 다른 한편으로 고질적으로 우파에 동조하는 그들의 실천 사이에는 현격한 차이가 있다. 사회주의 이론은 자본주의적 실용성과는 아무런 관련도 없다. 그것은 결국 아프리카 대륙에서 계급투쟁의 존재를 부정하기 위한 목적에서 이용된 유토피아 사회주의였는데, 그것은 현재의 아프리카의 사회적·경제적 현실과는 모순되는 것이다. 따라서 아프리카 사회주의는 아프리카 부르주아들에게 유용한 반혁명적 이념인 셈이다.[211]

아프리카 사회주의는 교리와 정당성의 핵심을 아프리카의 전통사회에서 찾으면서 전통에 호소하고 과거로 회귀하는 사회주의적 민족주의처럼 보인다. 우리로서는 사회주의를 미래와 발전 과제로 인도할 목적으로 현재의 현실에 맞게 재순응시키고 다시 재현실화해야 한다고 생각한다.

4. 본래성에의 호소

이것은 가장 최근에 모부투 세세 세코에 의해 제기된 문화 이념으로, 아프리카적 개성, 특히 자이레(현 콩고민주공화국 — 옮긴이)의 개성을 회복하기 위해 계획한 아프리카적 문화 이념이다.

자이레의 개성은 토착 문화에 대한 서구 문화의 지배와 아프리카의 해방 이후 맹위를 떨쳤던 유럽식 모방에 대한 반감으로 나타난 것이다. 이전에 식민지 지배를 받았던 아프리카 흑인들 가운데 식민지 지배자들의 생활방식을 좋아하는 사람들이 많았다. 이들은 종종 외국에서 유래된 방법을 이용해 유럽식으로 먹고, 입고, 마시고, 춤추곤 했다. 교육받은 사람들은 모방에 대해서는 지나치고 맹목적인 열의를, 아프리카 문화에 대해서는 터무니없는 멸시를 드러내면서 유럽 문화를 과시하고 자랑스럽게 생각했으며, 서구 문화에 맞춰 사고하고 행동했다. 이러한 비합리적 태도는 아프리카인들의 문화적 소멸과 결정적인 비개성화를 초래할 수 있는 문화적 변질을 대륙에 뿌리박게 할 뿐이었고 아프리카인들에게 외국인에 대한 경멸을 증가시켰다. 그러므로 이에 대한 대처가 필요했으며, 대처할 필요가 있었다. 그리하여 동화에 내린 이처럼 위험한 추세를 거부하기 위해 본래성에 대한 호소가 나타나게 되었던 것이다.

본래성은 "조화롭고 자연스러운 발전에 이바지한 선조들의 가치를 높이 평가하기 위해 자기 자신의 고유한 근본에 호소하고, 조상의 가치들을 탐구하는 자이레 국민의 자각"으로 정의된다. 이는 외국에서 도입된 이데올로기를 맹목적으로 받아들이는 것에 대한 자이레 국민의 거부이다. 이는 "자이레 사람, 아니 그저 인간이 마치 고유의 정신적 구조와 사회적 구조와 함께 있는 것과 같이 자신이 처한 곳에서 하는 선언이다. [……] 이것은 자신의 고유한 문화에 대한 철저한 인식일 뿐만 아니라 다른 사람의 문화적 유산에 대한 존중이다."[212]

본래성에의 호소는 옹색한 민족주의와 과거로의 맹목적인 회귀를 거부하는 것이지만, 정확히 말하자면 외부로부터 들어온 긍정적인 기여를 고려하면서 발전에 대한 지상명령에 적응할 수 있도록 자이레 문화를 깊이 있게 연구해야 할 필요성이기도 하다. 그것은 민족주의인 동시에 발전 이데올로기이다.

그것은 곧 "자이레 사람을 중심으로 일치된, 굳건한, 조화로운, 통합된 사회"[213]의 건설과 발전을 도울 수 있는 가치들을 선별하고 분류하기 위해 근원으로 돌아가고, 고유한 가치들에 의지할 것을 내포하는 자이레 국민의 자각이다. 본래성은 그러므로 과거로의 퇴보가 아니라 오히려 고유한 문화적 기반에서부터 새로운 국가적 공동체를 창설하고 혁신시키려는 발걸음이다.

아프리카 흑인의 정체성 표명과 관련해 그에 앞선 모든 다른 움직임들처럼 본래성에의 호소는 자이레인의 문화적 정체성, 간단히 말해 정체성을 긍정하고 되찾으려 힘쓰는 것이다.

철학적으로 본래성 또는 정체성은 사물이 있는 그 자체로 있게 하는 것, 어떤 개인이 그 자신 그대로 살게 하는 것이다. 정체성은 근본적으로 차이와 거리를 말하지만 그것은 마찬가지로 어떤 근접성, 어떤 인접성을 함축하고 있다. 우선 그것은 내가 드러나는 차이이자 거리, 즉 타자로부터 멀어짐으로써만 내가 아닌 것, 내게 낯선 것에 대해 어느 정도 거리를 취함으로써만 실제로 나 자신으로 드러나는 한에서 차이이자 거리이다. 다음으로 정체성은 거리가 극복될 수 없는, 일종의 '베를린 장벽'이라는 의미에서의 어떤 근접성으로, 근접성 안에서의 차이와 거리이다. 나는 실제로 타자의 정체성에 직면해서만, 내가 아닌 것에 직면해서만 나 자신의 정체성, 즉 본래성을 발견하고 되찾는다. 일반적으로 아프리카 문화 그리고 특히 자이레 문화는 자신들과 다른 문화들과 대면해 구분될 뿐이다. 하지만 이러한 문화의 식별 작용은 한 번에 다져지고 성립된 것이 아니라 지속적인 성립 과정 중에 있는 것이다. 왜냐하면 그것은 날마다 다른 것과 대면해 규정되고 식별되어야 하기 때문이다. 이러한 의미에서 아프리카의 정체성은 규정해야 하고 쟁취해야 하는 것이다. 아프리카의 본래성은 근본적으로 일종의 쟁취이자 과업이다.[214]

이처럼 아프리카의 본래성은 다른 본래성들의 긍정적인 공헌에 폐쇄적이지 않다. 그것은 서구 문화의 긍정적 기여를 부인해서는 안 된다. 하지만 그것은 다른 문화들에서 보다 긍정적인 영향을 받기 위해서는 우선 자기 스스로와 자신의 조국을 잘 알아야 한다는 점을 지지한다. 이러한 관점에서 아프리카 흑인들은 서구의 유산들로부터 모든 요소들이 아니라 발전된 사회의 성립을 위해 필요한 것들만을 끌어내야 한다. 특히 자기 고장의 기술들을 재평가하는 동시에 아프리카 대륙의 현실과 특수한 필요성에 아직은 낯선 기술들을 잘 적용시켜야 할 것이다.

본래성 또는 진정한 정체성의 추구는 인류 발전과 역사적 운명의 좀 더 올바른 길을 찾는 데 있다. 그것은 고유한 가치를 존중하고 발전시킬 수 있는 사회에 대한 새로운 계획의 탐색이며, 인간의 존속을 위한 새로운 문명 모델, 발전을 위해 전통과 현대가 유익한 공존을 이루는 모델에 대한 탐색이다. 따라서 본래성은 잃어버린 낙원의 무의미하고 헛된 추구가 아니라 스스로에 대한 자기 자신의 특별한 의식에 있다. 그것은 결국 자기 자신에 대한, 고유한 환경과 그 나름의 특수한 가능성들에 대한 인식을 위해 지속적이고 항구적인 노력을 기울이는 것을 함축한다. 그것은 곧 자신의 전적이고 웅대한 잠재력의 가치를 재발견하기 위해 자신의 원래 한계로부터 벗어나게 해주는 계속적이고 엄격한 과정을 요구한다. 그리하여 그것은 보다 나은 존재, 삶의 질적인 향상, 사회의 긍정적인 변화를 위한 지속적인 노력을 의미한다.²¹⁵

자이레의 경우 본래성의 실천은 처음에 국민들 안에서 대단한 열광을 불러왔다. 자이레 사람들은 이름들, 옷차림, 예술작품들, 문학, 현대와 양립할 수 없는 전통들을 통해 고유한 정체성, 즉 특수한 영혼을 되새기고 다시금 추구하기 시작했다. 그들은 유입된 문화 수단들로부터 벗어나 존엄성을 되찾고 개성을 복원하는 일에 대해 자신감에 차 있었다.²¹⁶

이처럼 본래성에 호소하는 정치의 긍정적 측면들 중의 하나는 조상들의 이름으로 회귀하는 것으로, 실제로 유대인의 이름 또는 유럽인의 이름일 뿐인 기독교식 이름을 폐기하게 되었다. 전통 아프리카에서 한 사람의 성과 본명本名은 깊은 의미를 지니고 있었다. 그것은 아프리카인들을 사실상 자신의 부족의 족보에 위치지우며, 한 가문 또는 한 부족의 서사시들과 역사, 그리고 성을 떠올리면서 추모하고자 하는 어떤 조상의 본질적인 인격을 상기시켰다. 아프리카 흑인들의 이름은 언제나 상징적이며, 그것은 그가 조상들의 가게에 위치하고 자신의 부족에 연결되고 속해 있음을 나타낸다.²¹⁷

이러한 본래성의 현상은 자이레인들을 열등감과 이질적인 문화로부터 벗어나게 하고, 강제된 식민 문화의 잔재로부터 어느 정도 벗어나게 해주었음을 인정해야만 한다. 이러한 문화적 과정은 그들에게 자신들의 고유한 정체성에 대한 인식을 갖게 하고, 동화와 자기상실을 강요하려는 식민화에 의해 예전에는 무시되었던 인간으로서의 존엄성을 되찾도록 해주었다. 그것은 그들의 문화유산에 대한 재평가를 수반했다. 예전에 미신이라고 경시되었던 동상, 보석, 가면은 모든 박물관에 다시 복원되었다.[218]

하지만 유감스럽게도 이러한 이데올로기는 아프리카의 미래 비전에 비추어 공동체에 내놓았어야 할 경제적 범주를 고려하는 데까지는 나아가지 못했다. 본래성에의 호소는 사실상 조상들 이름으로의 회귀, 나라, 마을, 도로, 거리 이름들의 수정, 정장과 넥타이가 전통 의상으로 바뀐 것처럼 의복의 변화를 가져오는 데 그쳤다.

자이레 정치 지도자들의 의지 표명과 실천, '말하기'와 '하기', '보이기'와 '존재하기' 사이의 불균형은 항상 차이가 컸다. 실제로 정치인 계급, 특히 이러한 이데올로기의 전수자들이 선언한 약속과 그들의 일상적 삶 사이에는 유감스럽게도 상당한 격차가 있었다. 이러한 이분법은 민중의 지도자가 문란해지면서 불행히도 자이레 사회의 장애물이 되고 말았다. '말함'과 '행함' 사이, 말과 실천 사이의 이러한 모순은 지도자들이 보이는 사회적·경제적 문제 해결의 무능력과 공적 관리에 대한 태만을 불러와 국민들의 실망을 초래했다. 본래성에의 호소는 결과적으로는 일종의 독재 행위를 정당화하기 위한 하나의 신화, 어떤 완벽한 정신의 구축과 우두머리의 인격 숭배로 나타나버렸다.[219]

이러한 이데올로기와 관련한 실패는 문명화되고 사회적 위상이 조금 다른 지적 엘리트와 약간 노후화된 방식으로 구체적으로 본래성을 실현하고 있는 대다수 농부들 사이에 형성된 위험한 분열에서 기인했던 것처럼 보인다. 농부들은 언제나 연대 속에 살고 있으며, 여전히 공동체적 삶의 방식에 결부되어 있던 반면 부르주아 정치계급은 궁극적으로 개인주의적 삶의 방식을 취했다.

우리가 방금 대략적으로 검토한 서로 연관된 모든 사조思潮는 그것들이 아프리카 전통 속에 역사적 통로를 마련한다는 점에서, 어떤 면에서는 국가들의 협력 속에서 흑인의 이미지 개선에 기여한다는 점에서, 아프리카인들의 개성 복원에 기여한다는 점에서 어느 정도의 장점을 보여주고 있다.

하지만 이런 사조들은 종종 경제 현상을 고려하지 않음으로써 과오를 범하기도 한다. 즉 이 사조들이 재가치화하고자 한 아프리카 문화가 자본주의적 착취라는 경제 조건을 통해 오늘날 최종적으로 판단된다는 점을 무시함으로써 과오를 범하기도 한다. 그러한 한계는 서구로부터 유입된 개인주의적 경제 체제와 자신이 영향을 받은 선조의 공동체적 생산방식 사이의 소통의 부재에서 유래한다. 이러한 맥락에서 개인주의적 삶의 양식과 공동체적 삶의 양식을 조화롭게 화합시키지 못하는 한 아프리카의 흑인 문화는 오늘날 비이성적인 측면이 가득한 것으로 나타날 수밖에 없다. 정치적 특성에 대한 그러한 외면은 우리가 앞서 얘기한 '개화인'들과 엘리트들의 모호한 성격, 그리고 정치인들의 결탁과 관련해 심각한 징후를 보이고 있다.

6_ 공동체주의에 대한 재평가

아프리카 흑인들은 근본적으로 그리고 존재론적으로 공동체적이며, 더 나아가 공동체주의자다. 그의 발전은 공동체에 의해서만 가능하다. 즉 개인주의적 방식이 아닌 공동체적 방식에 의해서만 가능하다. 발전을 위한 자본주의적 길, 인간에 의한 인간의 착취와 관련된 개인주의의 길, 즉 발전을 위한 이기주의의 길은 아프리카인들의 세계관 즉 본래성에 대한 개념과는 거리가 멀다. 그러므로 만일 우리가 아프리카인들이 진정 발전해나가기를 원한다면 반드시 이 공동체 정신을 복원시키고 활성화시켜야 한다. 아프리카 연구자들과 경제학자들, 그리고 아프리카주의자들은 아프리카 대륙의 발전 이론들을 전개함에 있어 이 공동체주의를 고려해야 한다. 우리의 좁은 견해로는, 이처럼 특수한 관점을 모른다는 것은 아프리카 대륙을 출구 없는 막다른 길, 아프리카의 정체성과 관계없이 자연을 거스르는 길로 접어들게 하는 것이다.

여전히 마음 속 깊이 연대감을 지닌 아프리카인들의 심성은 사회적 불평등을 거부하고 평등주의를 옹호한다. 아프리카인들에게는 과학적·기술적 진보의 요구에 응하고 조상의 공동체주의를 지키도록 해주는 작동 체계를 내부에서 발전시키면서 신식민지 경제를 변화시키는 것이 필요하다. 그러한 것이 현재 아프리카 이론가들이 해야 할 중대한 도전이며, 그러한 것이 아프리카인들이 진정한 번영을 누릴 수 있는 사회 변혁의 윤곽이다. 이는 국민소득의 공평한 분배와 생산의 합리적 조직화에 기초한 경제에 바탕을 둔 사회경제적 계획을 함축하고 있다.

예전의 아프리카 사회에서는 누구도 가족 또는 공동체 내에서 남녀 형제들을 억압하고 착취할 목적으로 부를 축적하려 하지 않았다. 반대로 각자는 모두를 위해서 일했고, 모두는 각자를 위해서 일했다. 모두와 각자는 모든 것을 공유하는 데 관심을 갖고 있었다. 공동체적 삶의 특징은 토지와 어느 정도 중요성을 가진 다른 모든 생산 수단에 대한 집단의 우선권을 함축했다. 집단은 존재의 다양한 우연성을 함께했고 공유했다. 아프리카 흑인들이 보기에 그들 자신에게 '존재'는 '소유'보다 더 가치가 있다.

송에족의 두 가지 속담, 즉 '불란다 나 바쿠에누Bulanda na bakuenu(남자 형제들과 함께 가난을)'와 '부페타 나 바쿠에나Bupeta na bakuena(남자 형제들과 함께 부를)'는 반투어족의 존재론과 복지 향상 개념에서 공동체의 우위를 설명해준다. 이 두 가지 속담은 송에족의 관점에서(그리고 다른 곳에서처럼 아프리카 흑인들의 모든 환경에서) 빈곤과 부는 공동체 현상임을 의미한다. 빈곤과 부는 공동체의 모두와 공유할 수 있기 때문이다. 진짜 남자는 자신의 부를 가족, 종족, 공동체 등이 자유로이 쓰게 할 줄 아는 사람이다. 더 좋은 상황을 얻는 남자는 남자 형제들, 친구들과 즐겨야만 한다. 남자 형제들의 친구, 친구의 친구들은 또한 우리 친구들이기 때문이다. 외부 집단과의 우의 관계 확장은 혈연 공동체와 늘 연결되어 있다. 가족과 공동체 밖에서 개인적 부는 아프리카 흑인들의 관점으로 볼 때 아무런 의미도 없고 아무런 내적 가치도 갖지 못하기 때문에 가치가 없다.

  이 말은 즉 아프리카 흑인들은 우리가 이 책의 범위에서 묘사하고자 했던 맥락의 모든 의미에서 자본가로 살기가 어렵거나 그렇지 않으면 불가능하다는 것을 의미한다. 왜냐하면 모든 아프리카인들은 어쨌든 의식적으로든 무의식적으로든 가족, 공동체, 종족 등의 사회적·도덕적 중압감, 요구와 접대와 의무 등의 형태로 관례화된 중압감을 감내해야 하기 때문이다. 아프리카인들은 가족, 공동체, 종족 등에게 처벌받거나 외면당하고 싶지 않다면, 그리고 불안정하고 불안한 삶을 영위할 정도로 죄의식을 느끼고 싶지 않다면 그러한 요구와 접대와 의무를 회피할 수 없다. 아프리카인들에게 ― 그리고 이것은 오늘날까지도 매일 확인된다. ― 삶에서 성공한 남자는 필연적으로 가족, 공동체, 종족의 성공을 위해 앞에서 이끌어가는 사람이어야 한다. 가능한 한 넓은 의미로 그의 부와 행복은 형제들과 오누이들과 나누어야만 한다.

  현 상황에서 문제는 이러한 유대 또는 박애의 개념이 더 이상 부족 또는 종족 차원으로 제한될 수 없다는 데 있다. 그것을 국가 수준으로까지 확대해야만 한다. 물론 국가 차원에서 그러한 유대는 종종 형식일 뿐이다. 그러나 그러한 개념은 다시 활성화하고 다시 활기를 띠게 해야 하는 박애, 연대, 공동체를 늘 필요로 하는 존재의 표시이다. 박애와 아프리카 흑인 공동체주의의 이러한 부족 외로의 확장은 "유럽-미국 문화가 우리 아프리카 사회에 많은 심층적 변화를 가져왔음에도 유럽에 기원을 두고 있는 개인주의조차 시작하지 못한 활기에 넘치는 현상이다."[220] 이 공동체주의는 아프리카 현실에 관한 과학적 연구를 통해 고안해야 하는 아프리카 사회주의나 '아프리카' 마르크스주의의 서곡이다.

아프리카 사회주의라는 관점은 다국적 독점기업을 국가 자본주의로 대체하는 것이 아니라, 자본주의적 개인주의 및 이기주의에 반대하는 아프리카 공동체주의의 열망에 따라 각국 정부를 국가 차원으로까지 확장된 부족으로 만들면서 아프리카 경제를 아프리카화하는 데 있다. 현대적인 부족처럼 고안된 각국에서 새로운 지도자 ― 국가수반 ― 는 모든 부족과 모든 민족, 따라서 신-아버지와 조상, 다른 민족들과 대면해 국민을 책임지고 대표해야 한다. 그는 경제생활을 이끌어야 하고 타 부족 구성원들 간의 공동체 또는 집단 노동에서 다양한 부족 국가들 간의 공동체 또는 집단 노동에서 얻은 이익을 공평하고 공정하게 분배해야 한다.[221]

개선하고 다시 활성화해야 하는 이 사회주의는 사회주의적인 태도들이 항상 존속하는 아프리카 사회에 다양한 토대를 두고 있다. 그러한 토대는 의심할 여지없이 다음과 같은 것들이다.

― 발전을 추구하는 일반적 맥락에서 아프리카의 모든 민족들에게서 나타나고 있는 공동체적 경향의 삶을 추진하기.

― 모든 아프리카인들에게 공통된 비참한 삶의 상황과 개인과 모든 사람에게 더 인간적인 삶을 얻기 위해 공통의 태도를 형성할 필

요성

— 부락에서의 생활에서 영감을 얻어 행복과 공동의 평안을 좇는 이상을 향해 모든 에너지를 한 방향으로 유도하기에 앞서 공동체 사회에서 직업 활동을 조직할 가능성을 모색하기.[222]

앞서 잘 살펴보았듯이 아프리카 대륙은 마르크스주의에 유리한 환경으로 남아있다. 틀림없이 마르크스주의는 제대로 정비하고 수정한다는 조건으로 아프리카에 적용될 수 있다. 자연스러운 공동체주의 정신은 마르크스주의에 상당히 적합하기 때문이다. 유럽에서 영감을 받았거나 그곳에 기원을 두고 있음에도 마르크스의 생각은 정말로 파리 코뮌에서 보증인을 찾을 수 있거나 아프리카 공동체주의에서 증인을 찾을 수 있다. 게다가 마르크스의 생각은 아프리카를 관통하고 있는 자본주의 및 신식민주의의 착취 상황을 한층 더 잘 설명할 수 있다. 나의 보잘것없는 생각으로, 아프리카는 공동체주의 및 평등주의의 정신을 부활하고 현실화하는 데 기여할 수 있다는 의미에서 마르크스주의를 적용하기에 더할 나위없는 땅이다. 마르크스주의는 아프리카의 본래성과 서구성의 만남에서 긍정적인 요인들 중의 하나로 드러날 것이다.

아프리카라는 공간은 과학적 사회주의의 이념을 적용하기에 유리한 환경이었고 지금도 그러하며 영원히 그러할 것이다. 아프리카인들의 실존적 존재는 공동체적 환경 속에서 유기적으로 구성되기 때문이다. 그들의 환경은 행동에서와 마찬가지로 생각 속에서도 서구적 삶의 방식을 — 의식적이든 무의식적이든 다양한 동일시의 시도가 있었음에도 — 취하지 못하게 만드는 온갖 종류의 견고한 결속력들의 집합이며, 그러한 집합은 자본주의적 착취 체제를 벗어나 있다. 입문의식, 혼인, 노동, 의사소통, 그리고 다른 수많은 활동 영역을 거치면서 탄생부터 죽음에 이르기까지 아프리카인들의 존재를 점철하고 있는 모든 사건들은 세계관과 삶의 방식에 상당한 영향을 미치는 사회 및 조직 관계의 흔적 속에서 전개된다. 아프리카인들 — 적어도 그가 총체적으로 부인하지 않는 한 — 은 가족적·전통적·부족적 유대관계 밖에서 살 수 없다. 디오프는 이 관계를 '**아프리카적 집단주의**'로 불렀다. 전설적인 아프리카의 유대 관계는 현실화하고 재평가해야만 하는 공동체주의의 확실한 표현들 중의 하나로 남아있다.

아프리카인들에게 제기되고 있는 문제는 현재 두 가지다. 우선, 더 광범위한 전체 수준으로 공동체 정신을 드높여야 한다. 그리고 이 정신을 국가(현대적 '부족외성extratribialité') 차원으로 드높여야 한다. 다음으로는 진보하고 있는 현대적 기술의 요구에 그러한 정신을 맞춰야 한다. 바로 그곳에 재건해야 할 도전이 있다. 이 도전은 숭고하다. 왜냐하면 아프리카의 미래, 우리 아프리카인들의 미래는 이 해결책에 달려있기 때문이다. 바로 이러한 이유에서 마르크스주의는 식민화에서 기인한 아프리카에 관한 종족적 시각을 극복하는 데 기여할 수 있고, 아프리카인들에게 역사의 주체, 발전의 주인이며 장인이 될 수 있도록 도움이 될 수 있다.

국가와 대륙 차원으로 공동체주의를 드높이는 일은 가족의 유대로부터 출발한다. 가족 내에서 모든 구성원은 '국가의 부족외성'에 가족적 유대관계를 적용하기 위해 기쁨과 고통을 함께 나누었고, 노동과 노역의 결과를 함께 나누었다. 우리는 단순히 음식과 일차적 필요와 관련해 다른 만족과 함께 나누는 것으로 되돌아가자고 말하는 것이 아니다. 물론 이처럼 평범한 사건들은 중요하다. 그것은 아프리카인들의 마음과 정신에 넘치는 따뜻한 온정의 특징이다. 우리가 말하고자 하는 바는 이 유대관계가 오늘날 아프리카의 각국 차원에서 국가의 집단적 부의 공정하고 공평한 분배에 있어서 실제적으로 느껴져야 한다는 것이다. 오늘날의 경우처럼 국가의 집단적 부가 오직 대다수의 고통에는 철저하게 무감각한 개인들을 위한 계급제도를 부유하게 하는 데 사용되어서는 안 된다. 부는 실제적으로 전체 아프리카 민중의 삶의 조건을 변화시키는 데 기여해야 한다. 우리는 이러한 관점에서 '**재평가**' 또는 '**공동체주의의 재현실화**'를 말하는 것이고, 공동체 정신의 재평가를 기대하는 것이다.

그러나 동유럽에서 공산주의가 실패한 이유 중 하나가 모든 동유럽 국가의 다양한 세력들 간의 구조적 유대관계가 없었다는 것을 잊지 않더라도, 이들 국가들의 생활방식에서 과연 사회주의의 싹이 이루어졌는지 자문해본다. 이것은 그곳의 (가족에서부터 국가에 이르기까지) 서로 다른 민족들의 언어, 삶의 방식, 세계관 등의 분석을 통해서 확인해야 할 한 가지 흥미로운 가설이다. 디오프의 작업은 이 가설을 확인하는 데 아주 흥미로운 것으로 드러난다.

그렇기는 하지만 '아프리카 집단주의'는 모든 관점에서 마르크스주의의 집단주의와 동일하지 않다. 공동체라는 생각을 살아 있는 사람들의 공동체로 한정짓는 마르크스주의의 집단주의와는 반대로 피안의 현실을, 사람들이 도덕적으로 위안 받고 지상의 존재의 어려움을 피하기 위해 이념적으로 창조한 허망한 꿈으로 여기면서 상부구조의 이데올로기라는 관점을 강조하는 마르크스주의의 집단주의와는 반대로 아프리카 흑인의 공동체주의는 이러한 공동체에 관한 생각을 신과의 합일로까지 확장하고, 자손의 삶에 다양한 방식으로 끊임없이 영향을 미치는 죽은 조상의 혼과 일치하는 데까지 확장한다. 인간의 다차원적 본성에 따른 이러한 초월적 가치의 인식은, 보잘것없는 내 견해로는, 과학적 사회주의에 대한 아프리카 흑인의 세계관을 근본적으로 풍부하게 만든다.

어쨌든 과학적 사회주의와 아프리카 공동체주의가 둘 다 지상의 존재를 강조한다는 의미에서 이 둘 사이의 분명한 연관과 놀랄만한 유사성을 지적할 수 있을 것이다. 이 둘은 모두 지상에서의 존재를 통해 인간이 안녕과 행복, 즉 발전을 추구한다는 점을 강조한다. 아프리카 흑인들은 저승세계의 존재와의 관계에서 지상세계의 존재에 우월함을 둔다. 아프리카 흑인들에 따르면 저승에서 잘 살기 위해서는 우선 지상에서 제한 없이 건강과 행복 그리고 후손을 통해 또한 늘 공동체의 다른 구성원들과 조화를 이루면서 일상적인 생활력 증대를 추구하면서 지상 세계에서 강렬하고도 충만하게 살아야 한다. 이러한 맥락에서 아프리카 흑인의 발전은 오직 지상의 삶과 공동체의 삶에서만 긍정적으로 이해된다.

그러나 아프리카 대륙의 발전을 위해 우리가 방법론적으로 재평가하는 이 공동체주의는 종종 그것과 긴밀하게 연결되어 있는 상당수의 기생주의, 부자父子주의, 잘못된 장자주의의 개념으로부터 절대적으로 해방되어야 한다. 상당수의 부정적인 양상을 없애야만 한다. 특히 가족의 다른 구성원들이 전염병에 감염될 수 있을 때조차도 병자들이 가족의 다른 구성원들 곁에서 줄곧 생활하는 경우는 사라져야 한다.

결국 어떠한 경제 계획도 대다수 아프리카의 인식 체계와 문화 체계에서 구현되지 않는다면 기대되는 결과를 가져올 수 없을 것이다.

비판적 결론

 자연적 장애 외에도 아프리카는 후손들의 암묵적이면서 때론 적극적인 공모로 국가들의 화합 속에서 적극적인 발전을 추진하는 것을 가로막고 있는 온갖 유형의 사회경제적 어려움을 겪고 있다.
 흑인매매와 식민화는 아프리카의 진보와 발전을 정지시켰고, 아프리카인들을 노예로 만들어 유럽의 계획과 영광을 위해 이용했다. 도처에서 식민 정책을 펼치면서 유럽은 소위 '정신적 모험'과 어느 신으로부터 받은 것인지 모를 '문명화의 사명'이라는 이름으로 거의 모든 인류를 질식시켰다. 이처럼 음울한 역사의 페이지 내내 유럽은 모호하고도 이분법적인 행동을 보였다. 한편으로 유럽은 자유, 평화, 사람들 사이의 연대를 전파하는 평화와 인권의 사도이고 싶어 했다. 다른 한편으로는 여기저기서 다른 사람들을 학살하면서 온갖 범죄와 악의 모습을 보여주었다. 게다가 사르트르도 인정하는 것처럼, 이러한 모순은 인간 조건을 부정하는 동시에 요구하는 유럽의 식민 행정 속에서 분명하게 드러났다. 인간과 함께를 표방하며 인간을 살인하는 학살자 유럽이 오늘날 아프리카에 줄 만한 인류애의 교훈이란 없다. 아프리카를 위한 최선의 길은 이 유럽을 본받지 않는 것이다.[223] 그럼에도 아프리카가 고려해야만 할 또 다른 유럽이 있다. 바로 똑같은 착취의 희생자였던 프롤레타리아의 유럽, 희망을 다시 주는 기독교의 유럽, 아프리카가 자기 것으로 해야 할 과학과 기술적 진보의 유럽이 그것이다. 이렇게 다른 유럽, 다른 서양과 새로운 유형의 만남을 모색할 필요가 있다.

그럼에도 불구하고 — 이 점을 특별히 강조하고 싶은데 — 이미 아프리카의 일부를 구성하고 있는 서구성과 서구적 삶의 방식 속에는 테크놀로지 이외에도 아프리카의 점진적 발전을 위해 이 만남으로부터 끌어내야만 하는 긍정적 요소들이 매우 많다. 이러한 요소들 가운데 노동과 조직의 의미, 시도와 개척 정신, 배움에 대한 호기심, 긍정적 모험심, 저축의 의미 등을 예로 들 수 있다. 아무리 열거해도 끝이 없을 것이다.

이 모든 장애물에도 불구하고 긍정적인 윤리적 가치와 특히 공동체 정신(아프리카의 집단주의)은 완전히 사라지지 않았다. 특히 이 공동체 정신은 아주 다행히도 출생에서 죽음, 결혼, 축제, 마을의 토론에 이르기까지 아프리카 흑인의 모든 인생사에 여전히 결정적인 영향을 미치고 있다. 아프리카의 언어와 세계관 역시 공동체 정신을 상당히 반영하고 있다. 오늘날 이러한 공동체 정신에 부과된 임무는 현대성과 기술적 진보의 요구에 그러한 정신을 효율적으로 연결시켜 공동체를 적극적으로 건설하는 것이다. 이 점에서 중국과 일본은 전통과 기술적 진보 사이의 균형을 훌륭하게 유지함으로써 아프리카가 본받을 만한 모델이 되었다.

자본주의 체제가 가한 불행의 악순환에도 불구하고 아프리카 영혼의 본래성은 난파선처럼 출렁이다가 매번 보다 더 뚜렷하게 표면으로 떠올라왔다. 너무 서양 문화에 경도되고 늘 자신들의 학위에 맞는 유리한 상황을 모색하는 소수 지식인들에게는 공동체 정신이 위험한 주제가 되겠지만 이 정신은 세계화에도 불구하고 아프리카의 시골과 도시 등지에서 살아 숨쉬고 있다. '이 아프리카의 집단주의'는 허위의식이라는 비난이 두려워 쉽게 믿지 못하겠지만 마르크스주의와 진지한 측면에서 많은 유사점을 갖고 있다. 아프리카의 감수성과 마르크스주의 사이의 인접성은 너무나 분명하다. 우리는 유사성이라고 말하지 일치성이라고 말하지 않는다. 유사성이란 쌍방향으로 상호 보완과 수정이 가능함을 내포하는 것이다.

많은 저자들(특히 디오프)이 유럽의 백인과 아프리카의 흑인의 사회적·경제적 조직과 삶의 방식 사이의 근원적 차이를 각자가 살고 있는 물리적 조건(지리, 기후 등)의 차이로 설명하고 있다. 백인이 개인주의자이고 보다 모험적이라면, 그것은 농업에 불리하고 유목 생활에 유리한 그들의 자연 조건 때문이고, 반대로 흑인이 공동체적이고 모험심이 없다면 그것은 자연이 제공해준 용이성과 농업에 기반한 정착 생활 — 부분적으로는 — 때문이라는 것이다.

우리는 지금까지 이러한 논점을 심화하려고 시도했다. 그런데 이 논점은 하부구조에 의한 상부구조의 결정이라는 마르크스적 관점을 어느 정도 입증해준다. 세계관과 같은 상부구조는 물질적 조건에 의해 규정된다. 마치 우리의 관점을 정당화시켜주기 위해서인 것처럼 디오프는 다음과 같이 결론짓는다. "바로 이런 이유로 인도유럽인들은 지리적 환경에 영향을 받아 흑인들과는 정반대되는 인생관을 갖게 된 것이다."[224] 흑인 민중들의 문화적 동질성은 그들의 원초적 요람에 유리한 지리적 조건 덕분인 것 같다.

이처럼 아프리카인들과 아프리카 대륙에 대한 마르크스주의의 모든 관심은 노예제, 착취, 인간에 의한 인간의 소외의 보편성과 영속성을 보여주는 데 있다. 하지만 자본주의 체제는 자연적이거나 영원한 것이 전혀 아니며, 인류의 진화 과정에서 주어진 한 단계에 불과하다. 모든 현상이 우주의 변증법적 본질에 따르듯이, 자본주의 체제도 인간 이성의 작품이자 종속물로서 극복 대상이 될 것이다. 이 체제는 특정 종족이나 대륙의 운명이나 만병통치약이 되기는커녕 오히려 불행과 굴욕의 원인이 되고 있다. 온갖 유형과 연령층을 망라한 가난한 자들과 프롤레타리아들이 정도는 다르지만 이 체제의 희생양이기 때문이다. 이렇게 하면서 마르크스주의는 아프리카인들에게(하늘 아래 모든 소외된 자들에게처럼) 항구적인 저개발 상태를 인식하고 이해할 수 있도록 해주며, 거기서 벗어나는 길과 방법을 제시해준다.

마르크스주의는 모든 착취 상황에 적용될 수 있는, 그리하여 아프리카의 상황에도 적용될 수 있는 과학적 이론이자 사상이다. 구체적인 상황에 대한 접근 및 분석 방법으로서 마르크스주의는 신식민주의에 지배당하고 있는 현재의 아프리카 현실을 분명히 이해하게끔 도와준다. 혁명의 철학이자 억압받는 민중 해방의 철학으로서 마르크스주의는 자본주의 체제의 모순으로 고통 받는 아프리카인들의 심성을 복권시키고 새로운 정체성을 구축하는 데 기여할 수 있다.

흑인매매처럼 식민화는 이제 우리 역사의 한 부분이 되었다. 물론 지나간 역사지만 이 불행한 역사의 한 페이지가 영원히 확실하게 닫힌 것이길 소망해본다. 하지만 불행하게도 이 페이지는 닫히지 않았고 오늘날 미묘하고도 감춰진 형태로 다시 열려 있다. 식민화는 신식민주의에 자리를 양보했다. 이러한 조건에서 아프리카 인들의 해방과 통합적인 발전은 선물로 주어지는 것이 아니라 혁명 의식과 권력에의 의지를 통해 실현될 수 있다. 이러한 확신은 마르크스주의에 대한 비판적 정신을 동반해야만 하는데, 마르크스주의도 다양한 돌발 상황의 희생양이 된 적이 있기 때문이다.

다음 말을 인용하면서 결론을 맺어보자. 아프리카의 발전에 대한 연구에 있어서 "전통적 모델이 제안하는 전략은 다수의 기본적 필요에 우선권을 주고, 그것을 단기간의 목적으로 상정하는 것이다. 이 목적은 연기될 수 없고, 보다 평등한 조건들과 특정한 대중의 대량 소비를 향한 자원의 재활용을 포함해야 한다. 이 전략은 또한 최대의 지식 분배가 희망이라고 제안한다. 최고의 교육자는 바로 사회이고, 사회를 구성하는 일상생활이기 때문이다."[225]

후주

1) F. EBOUSSI BOULAGA, 『문투의 위기. 아프리카 본래성과 철학La crise du muntu. Authenticité africaine et philosophie』, Paris, Présence Africaine, 1977, p. 9.
2) F. EBOUSSI BOULAGA, 앞의 책, pp. 143~161. 우리는 전통에 관한 이러한 변증법적 이론에 대해 이 저자에 동의한다. 아프리카 전통을 정신적으로 부활시키기 위해 과거를 영광에 찬 것으로 묘사하는 데 만족하는 민족 철학과는 반대로 그는 다른 견해들을 보여주는데, 이를 통해 그는 찬란한 미래를 구축하려는 자유와 해방을 가져다주는 행동을 위해 최근 역사까지도 고려의 대상에 넣는다.
3) M. TOWA, 『오늘날 아프리카에 나타난 철학적 문제에 관한 시론Essai sur la problématique philosophique dans l'Afrique actuelle』, Yaoundé, Éditions Clé, 1971, pp. 39~40.
4) 철학적으로 '본래성'이라는 용어는 하이데거에 의해서 처음으로 (우리의 상식으로는) 명료하게 사용되었다. 그에 의하면 본래성이라는 개념은 아주 간단히 말해 정체성을 의미한다.
5) 『본래성과 발전Authenticité et développement』, Paris, Présence Africaines, 1982, p. 36. U.E.Za 주최로 1981년 9월 14~21일 킨샤사에서 개최된 본래성에 대한 범국가적 학술대회.
6) MUKULUMANYA WA N'GATE ZENDA가 P. E. LUMUMBA(「본래성. 신화 혹은 이념?」, 『본래성과 발전』, p. 82)에서 인용.
7) MUKULUMANYA WA N'GATE ZENDA, 앞의 책, p. 69.
8) MOBUTU SESE SEKO, 『본래성과 발전』, p. 3.
9) J. Ki-ZERBO, 『흑아프리카의 역사, 어제에서 내일Histoire de l'Afrique Noire. D'hier àdemain』, Paris, Hatier, 1972, pp. 29~31.
10) A. KAGAME, 『반투어족의 비교철학La philosophie bantu comparée』, Paris, Présence Africaine, 1976, p. 49.
11) A. KAGAME, 앞의 책, pp. 50~51.
12) ELUNGU PENE LUNGU가 셍고르(『아프리카 철학의 각성L'éveil

philosophique africain』, Paris, l'Harmattan, 1984, pp. 89~90)에서 인용.

13) 레비-브륄에게 있어서 유럽의 문명화된 사람은 오로지 논리적인 정신을 가진 사람, 다시 말해서 과학의 발전과 양립할 수 있는 사람이다. 레비-브륄이 아프리카 흑인들 사이에서 찾아낸 다른 토착민들은 전前논리적인 정신과 가까운 몇몇 차이점들을 보인다. 그들은 '미개인', '토착민' 그리고 문명과 역사가 없는 민족들이다. 이러한 것들이 '미개한 정신'이란 제목이 붙은 그의 저서의 요점이다.

14) ELUNGU PENE LUNGU, 앞의 책, p. 90.

15) F. FANON, 『아프리카 혁명을 위하려 정치저술 Pour la révolution africaine, Écrits politiques』, Paris, François Maspéro, 1969, p. 33.

16) E. EBOUSSI BOULAGA, 앞의 책, p. 226, p. 228.

17) E. DAMMAN, 『아프리카의 종교들Les religions de l'Afrique』, Paris, Payot, 1978, p. 11.

18) J. VANSINA, 『사바나의 옛 왕국들Les anciens royaumes de la savane』, Léopoldville, I.R.E.S., 1965, p. 19.

19) J. VANSINA, 「반투어족의 확산과 문화 정체성」, in 『반투어족. 이주, 확산 그리고 문화 정체성Les peuples bantu. Migrations, Expansion et indentité culturelle』, Actes du Collque International, Libreville, 1985, Paris, L'Harmattan, 1989, p. 280. 우리는 반투어족이라는 말을 '인간-인간들'이란 한 쌍의 용어를 '문투-반투'로 사용하는 사하라이남 아프리카 흑인 종족 집단으로 이해한다.

20) J. LOHISSE, 『부족의 소통. 흑아프리카 전통 사회에서 사회적 소통La communication tribale. La communication sociale dans les sociétés traditionnelles d'Afrique noire』, Paris, Ed. Universitaires, p. 11, p. 13.

21) P. TEMPELS, 『반투어족의 철학La philosophie bantoue』, Paris, Présence Africaine, 1949, p. 57.

22) A. KAGAME, 앞의 책, p. 55.

23) CHEIK ANTA DIOP, 『흑아프리카의 문화적 단일성. 전통적 고대에서 가부장제의 영역들L'unité culturelle de l'Afrique Noire. Domaines du patriarcat dans l' antiquité classique』, Paris, Présence Africaine, 1982, p. 185.

24) Ibid., pp. 185~186.

25) CHEIK ANTA DIOP, 『흑인 국가들과 문화. 흑이집트인들의 고대로부터 오

늘날 흑아프리카의 문화적 문제들까지*Nations nègres et culture. De l'antiquité nègre égyptienne aux problèmes culturels de l'Afrique Noire d'Aujourd'hui*』, Paris, Présence Africaine, 1979, p. 21.

26) J. KI-ZERBO,『오늘날 아프리카 문명의 위기*La crise actuelle de la civilisation africaine*』, 부아케에서의 강연, 1962, p. 26.

27) F. FANON,『지상의 유배자들*Les damnées de la terre*』, Paris, François Maspero, 1961, p. 167.

28) CHEIK ANTA DIOP,『흑아프리카의 문화적 단일성』, p. 64.

29) K. NKRUMAH,『아프리카에서의 계급투쟁*La lutte des classes en Afrique*』, Paris, Présence Africaine, 1972, p. 9.

30) F. HEGEL,『철학사 강의*Leçon sur l'histoire de la philosophie*』, Paris, Vrin, 1954, p. 78, p. 87.

31) *Ibid.*, p. 92.

32) 칼 마르크스가 헤겔에 대해 한 발언(『헤겔 철학 전집*Oeuvres philosophiques*』, 7권, pp. 137~138)에서 인용.

33) 토와(TOWA, M. 앞의 책, p. 13)가 인용한 하이데거에서 재인용.

34) MABIKA KALANDA,『정신적 식민화의 토대에 관한 문제 제기*La remise en question. Base de la colonisation mentale*』, Bruxelles, Ed. Remarques, p. 58.

35) CHEIK ANTA DIOP,『흑인 국가들과 문화』, p. 58.

36) P. TEMPELS, 앞의 책, p. 15.

37) *Ibid.*, p. 16. 탕펠의 저서는 위대한 철학자와 서구 사상가들에게 긍정적인 반향을 불러일으켰음을 주지하자. 그들 중 우리는 라벨Lavelle, 마르셀 그리올 Marcel Griaule(탕펠의 저서에서 유사한 결론을 발견한 바 있다), 가스통 바슐라 르Gaston Bachelard(탕펠의 생각을 서구의 형이상학적 측면에서 '메타 역학méta dynamique'을 기초할 수 있는 것으로 받아들였다), 그리고 장 발Jean Wahl(베르그송 철학과 깊은 유사성을 밝혔다) 등을 들 수 있다. 이 주제와 관련해 앞에서 언급한 마르시엥 토와의 저서는 가장 풍부한 정보를 제공하고 있다.

38) ELUNGU PENE ELUNGU, 앞의 책, p. 9.

39) *Ibid.*, p. 10.

40) *Ibid.*, pp. 28~29, p. 119.

41) TOWA, A., 앞의 책, p. 31.

42) J. P. NGOUPANDE, 「현대 반투어족 세계에서의 철학과 발진」, 『반투어족. 이주, 확산 그리고 문화 정체성』, 2권, p. 552.
43) Ibid., pp. 553~557.
44) F. EBLOUSSI BOULAGA, 앞의 책, p. 16.
45) Ibid., p. 15.
46) CHEIK ANTA DIOP, 『흑인 국가들과 문화』, p. 15.
47) Ibid., p. 16.
48) G. BENSUSSAN/ G. LABICA, 『마르크스주의 비평 사전Dictionnaire critique du marxisme』, Paris, PUF, 1999, p. 1008에서 재인용.
49) CHEIK ANTA DIOP, 『흑인 문명의 선행성Antériorité des civilisations nègres』, p. 102. 파라오의 고대 흑이집트에서 그리스의 철학자들과 과학자들이 수학했다는 논거는 다양한 근거와 사료, 그리스인들 자신의 증언에 의해 옹호되고 입증되었다. T. Obenga, 『고대에서의 아프리카. 파라오 시대의 이집트 ― 아프리카L'Afrique dans l'Antiquité. Egypte pharaonique ― Afrique Noire』 참조.
50) CHEIK ANTA DIOP, 『흑인 문명의 선행성』, p. 215에서 재인용. 디오프는 우연에 의지해 논리를 전개하지 않는다. 그리스 사상에 미친 이집트 철학의 영향을 입증하기 위해 그는 고대 그리스인들과 고대 이집트인들의 다양한 증언 및 피라미드에서 찾아낸 파피루스를 준거로 삼는다. 그는 또한 이러한 영향 관계를 입증하기 위해 이집트 사상 체계와 그리스 사상 체계를 비교 연구한다. 방법론적 의구심이 들면 독자는 그의 수많은 저서들, 특히 『흑인 국가들과 문화』, 『흑인 문명의 선행성』을 읽어본 후 스스로 결론을 끌어내보길 바란다.
51) CHEIK ANTA DIOP, 『흑인 문명의 선행성』, pp. 215~216에서 재인용.
52) Ibid., p. 102, pp. 215~228 참조. 밀레토스의 탈레스는 그리스인이 아니라 원래 흑인으로서 페니키아의 노예였다. 성스러운 글자와 입문 의식의 비밀을 존중해 탈레스와 피타고라스는 글을 남기지 않았다.
53) Ibid., p. 397.
54) J. P. NGOUPANDE, 앞의 책, p. 560.
55) 고고학적 연구들과 (결과를 예상할 수 없는) 다른 연구들이 계속되면 보다 절대적인 '선행성antériorité'이라는 단어 대신 '고대성ancienneté'이라는 용어를 택할 수 있을 것이다. 하지만 디오프의 용어를 존중해 첫 번째 개념을 그대로 사용한다.

56) T. MONOD(E. GOUSSIKINDEY, 「의식화. 아프리카인들의 주도권 회복에서의 철학의 기여」, in 『철학과 민족의 운명Philosophie et Destinée des peuples』, 카니시우스 철학학술대회, 1999. 3, p. 60에서 재인용-).

57) Ibid., p. 61.

58) T. OBENGA, 『고대에서의 아프리카. 파라오 시대의 이집트 — 흑아프리카』, Paris, Présence Africaine, 1972, p. 53.

59) 흑해 동부의 고대 지방 사람들 — 옮긴이.

60) HERODOTE, 『역사Histoire』, 2권(J. KI-ZERBO, 『흑아프리카의 역사』, p. 80에서 재인용-).

61) DIODORE, 『보편적인 역사Histoire universelle』, 3권(CHEIK ANTA DIOP, 『흑인 국가들과 문화』, p. 38 재인용-).

62) C. F. VOLNEY(T. OBENGA, 앞의 책, p. 60에서 재인용-).

63) L. J. CHAMPOLLION(CHEIK ANTA DIOP, 『흑아프리카의 문화적 단일성』, pp. 60~61에서 재인용-).

64) CHEIK ANTA DIOP, 『흑인 국가들과 문화』, p. 39.

65) 나치 철학의 선구자 — 옮긴이.

66) Ibid., p. 39. 이집트학이 탄생했을 때 그것은 흑이집트의 기억을 모든 사람들의 정신에서 완전히 지워야 한다는 필요성으로 특징지어졌다. 다행히도 이집트학은 디오프와 같은 명석한 연구자들 덕분에 그 뜻을 이루지 못했다.

67) Ibid., p. 57.

68) CHEIK ANTA DIOP, 『흑인 문명의 선행성』, p. 14, pp. 28~32, p. 62. 고대 이집트어와 아프리카 흑인 언어들 사이의 유연 관계에 관해서는 이 저서(pp. 43~67)에서 풍부하고 유용한 상세 자료들을 찾을 수 있다.

69) 아프리카 동북부, 수단 북부에서 이집트 남부에 걸친 지역 — 옮긴이.

70) CHEIK ANTA DIOP, 『흑인 문명의 선행성』, p. 66, p. 162.

71) T. OBENGA가 R. LEPSIUS(『고대에서의 아프리카』, pp. 163~164)에서 인용.

72) Ibid., p. 164.

73) CHEIK ANTA DIOP, 『식민화 이전의 흑아프리카, 고대에서 현대 국가 형성기까지의 유럽과 흑아프리카의 정치 사회체제의 비교연구L'Afriqur noire précoloniale, Études comparée des systèmes politiques et sociaux de l'Europe et de l'

Afrique Noire, de l'antiquité à la formation des Etats modernes』, Paris, Présence Africaine, 1960, p. 138. 유럽과의 접촉 이전에 흑아프리카에서의 문자의 존재에 대해서는 1948년 파요Payot 출판사에서 발행된 보망과 웨스테르망의 『아프리카의 민족과 문명*Les Peuples et civilisations de l'Afrique*』과 『언어와 교육*Les langues et l'Éducation*』이란 두 개의 저서를 읽는 것이 흥미로울 것이다.

74) E. MVENG, 『호메로스에서 스트라본까지 아프리카 흑인 역사의 그리스적 근원*Les sources grecques de l'histoire négro-africaine depuis Homère jusqu'à Strabon*』, Paris, Présence Africaine, 1972, p. 8.

75) J. Ki-ZERBO, 『아프리카의 역사』, pp. 81~82.

76) CHEIK ANTA DIOP, 『흑인 국가들과 문화』, pp. 50~51, p. 243, pp. 341~342.

77) L. FROBENIUS, 『아프리카 문명사*Histoire de la civilisation africaine*』, Paris, Gallimard, 1938, 5e éd., pp. 14~15.

78) 살갗이 검은 갈색이고 머리털이 꼬불꼬불한 흑인종으로, 코는 낮고 평평하며 입술은 두껍고 밖으로 뒤집힌 인종 — 옮긴이.

79) CHEIK ANTA DIOP, 『흑인 국가들과 문화』, p. 212.

80) P. TEMPELS, 앞의 책 p. 114.

81) F. FANON, 『지상의 유배자들』, Paris, Français Maspèro, 1961, pp. 157~159, p. 167.

82) J. VANSINA, 앞의 책, pp. 22~23. 다양한 이유로 또는 복잡한 조정으로 거주지가 여자 배우자의 부친의 마을로 정해지는 경우가 드물게 존재하기도 했다.

83) ELUNGU PENE ELUNGU, 『아프리카의 전통과 현대적 합리성*Tradition africaine et rationalité moderne*』, Paris, L'Harmattan, 1987, p. 22.

84) CHEIK ANTA DIOP, 『흑아프리카의 문화적 단일성』, p. 29.

85) *Ibid.*, p. 30, p. 119.

86) *Ibid.*, pp. 54~55.

87) T. OBENGA, 앞의 책 p. 100.

88) E. MVENG, 『아프리카에서의 영성과 해방*Spiritualité et libération en Afrique*』, Paris, L'Harmattan, 1987, p. 14.

89) 바송에족은 환생을 믿는다. 그들에 따르면 어떤 사람이 죽을 때 그는 실제로 죽는 것도 전적으로 사라지는 것도 아니다. 그는 여성의 胎胎에서 만들어져 다시

태어나 돌아오기 위해 지하에 있는 조상들의 마을로 간다. 이러한 믿음은 피타고라스의 윤회 이론과 멀지 않은 것이다. 이 이론은 그가 이집트에 있을 때 생각해낸 것이었다.

90) MULAGO GWA CIKALA, 「종교, 반투어족의 문화적 단일성의 근본 요소」, 『반투어족, 이주, 확산 그리고 문화 정체성』, 2권, pp. 528~529. 적도 밀림의 상당수 사회에서 아직도 실행되고 있는 교환혼인은 오히려 드물다. 현재 사회가 발전하고 다른 민족들과의 접촉이 이루어짐에 따라 젊은이들에게는 자유롭게 배우자를 선택할 수 있는 여지가 점점 더 많이 주어지게 되었다. 그렇다고 부모의 역할이 무시되거나 하는 것은 아니다.

91) MULAGO GWA CIKALA, *art. cit.* p. 530.

92) 우리의 모국어이며 문화인 키송에어에는 남녀 사촌이란 개념을 옮길 용어가 존재하지 않는다. 우리는 남자 형제와 여자 형제라는 단어를 구별 없이 사용한다. 귀트리Guthrie의 분류에 따르면 키송에어는 루바 지역의 L언어 존에 속한다.

93) 오늘날 아직도 서아프리카에서 몰래 행해지고 있음에도 할례는 수많은 여성 단체들의 요구에 따라 건강상의 이유로 금지되어 있다. 대신에 소녀들의 성적 입문은 아직도 늙은 여성들에게 맡겨진다. 반면에 소년의 할례는 현실적으로 상당히 실행되고 있다.

94) MULAGO GWA CIKALA, *art. cit.* p. 529.

95) K. NKRUMAH, 『아프리카에서의 계급투쟁』, pp. 14~15.

96) P. TEMPELS, 앞의 책, pp. 68~69.

97) K. KAGAME, 앞의 책, p. 288.

98) ELUNGU PENE ELUNGU, 『아프리카의 전통과 현대의 합리성』, pp. 41~42에서 재인용.

99) *Ibid.*, p. 77.

100) CHEIK ANTA DIOP, 『식민화 이전의 흑아프리카』, p. 23.

101) CHEIK ANTA DIOP, 『흑아프리카의 문화적 단일성』, pp. 135~136.

102) K. MARX, 『철학 전집*OEuvres philosophiques*』, 제4권, 『헤겔법철학 비판 *Critique de la philosophie de l'Etat de Hegel*』, 1948, p. 226.

103) CHEIK ANTA DIOP, 『흑아프리카의 문화적 단일성』, p. 145.

104) MABIKA KALANDA, 앞의 책, pp. 167~168.

105) J. VASINA, 앞의 책, p. 25, p. 124.

106) E. DAMMANN, 앞의 책, pp. 198~199.

107) P. TEMPELS, 앞의 책, p. 70.

108) NDAYWEL-E-NZIEM, 「고대 중앙 아프리카 : 인간과 구조」, in 『반투어족. 이주, 확산 그리고 문화 정체성』, 1권, pp. 257~259.

109) NDAYWEL-E-NZIEM, art. cit., pp. 259~260.

110) NDAYWEL-E-NZIEM, art. cit., pp. 261~262.

111) 프로야르Proyart 사제에 의해 이루어진 정치권력에 대한 이러한 묘사는 다음의 책에 재인용되어 있다. T. OBENGA, 『식민화 이전의 중앙 아프리카』, pp. 51~52.

112) J. VANSINA, 앞의 책, pp. 57~58.

113) CHEIK ANTA DIOP, 『식민화 이전의 흑아프리카』, pp. 37~39. 디오프는 에티오피아의 모시족에서 이러한 정치조직을 발견한다. 원래의 관습에 따르면 왕은 왕의 누이의 아들에 의해 세습된다는 점 또한 주목하자. 왜냐하면 왕의 조카는 왕의 누이의 아들이라는 것은 확실하지만 자신의 아들에 대해서는 그 같은 확신을 가질 수 없기 때문이다. 그리하여 진화하면서 부계 세습은 모계 세습으로 대체된다.

114) MOBUTU SESE SEKO, 「Jean-Louis Remilleux와의 인터뷰」, 『아프리카를 위한 자존심Dignité pour l'Afrique』, Paris, Albin Michel, 1989, pp. 86~89.

115) CHEIK ANTA DIOP, 『식민화 이전의 흑아프리카』, pp. 98~101.

116) 반투어족을 통해 우리는 여기서 '인간-인간들'이라는 쌍을 '문투-반투'라는 쌍으로 해석하는 흑아프리카 민족의 총체를 이해할 수 있다. 탕펠과 같은 몇몇 저자들은 유럽화된 형태인 '문투-반투' 쌍을 사용하는데, 우리는 그것을 그들의 인용문들에서 찾아볼 수 있다. 따라서 여기서 우리는 모든 아프리카 언어학자에 의해 채택되어 고전이 된 첫 번째 형태를 사용할 것이다.

117) P. TEMPELS, 앞의 책, p. 35.

118) P. TEMPELS, 앞의 책, pp. 38~40.

119) Ibid., pp. 42~43.

120) P. TEMPELS, 앞의 책, p. 116. 반투어족 사회에서 어떤 것이든 '마법'을 부르지 않는 것은 모두 신에 의해 창조된, 그리고 그들의 삶에 활력을 불어넣기 위해 주어진 자연적인 생명력들의 교류일 뿐이다. 생명력들의 작용에 대한 이러한 관찰은 비전을 전수받은 사람에게만 권리가 주어지는 그들의 '자연과학'을 구성한

다.

121) F. M. LUFULUABO, 앞의 책, pp. 53~54.
122) A. KAGAME, 앞의 책, p. 284.
123) ELUNGU PENE ELUNGU, 『아프리카의 전통과 현대의 합리성』, p. 92.
124) Ibid., p. 17, p. 21.
125) F. M. LUFULUABO, 앞의 책, pp. 27~28.
126) ELUNGU PENE ELUNGU, 『아프리카의 전통과 현대의 합리성』, pp. 85~86.
127) MABIKA KAKANDA, 앞의 책, pp. 155~160.
128) 루바족의 어떤 어머니가 아침에 드린 기도이다. 루풀루아보(F. M. LUFULUABO, 앞의 책, p. 48)가 재인용함. 루풀루아보의 견해에 따르면, 이 기도는 반투어족의 모든 다른 기도처럼 전前기독교의 지향을 담고 있다.
129) MULAGO GWA CIKALA, art. cit. p. 545.
130) 이러한 신의 속성을 우리는 루풀루아보(F. M. LUFULUABO, 앞의 책, pp. 17~20)의 저서에서 차용하고 있다. 우리는 또한 그러한 속성들을 탕펠(P. TEMPELS, 앞의 책, p. 30)과 물라고 그와 시칼라(MULAGO GWA CIKALA, art. cit. p. 540)에서도 찾아볼 수 있다.
131) P. TEMPELS, 앞의 책, p. 112.
132) P. TEMPELS, 앞의 책, p. 44.
133) J. VANSINA, 앞의 책, p. 26.
134) MULAGO GWA CIKALA, art. cit. p. 545.
135) Ibid., p. 535.
136) A. KAGAME, 앞의 책, p. 302.
137) A. KAGAME, 앞의 책, pp. 287~288, p. 304.
138) C. BOEY, 「칼 마르크스에 대한 셍고르의 믿음과 불신」, 『아프리카 사회주의의 길Voies africaines du Socialisme』, Léopoldville, Bibliothèque de l'Etoile, 1963, p. 60.
139) M. WEBER, 『프로테스탄티즘의 분파들과 자본주의 정신Les sectes protestantes et l'esprit du capitalisme』에 이어진 『프로테스탄티즘의 윤리와 자본주의 정신L'éthique protestante et l'esprit du capitalisme』, Paris, Plon, 1964, p. 62.
140) M. WEBER, 앞의 책, pp. 187~188.

141) CHEIK ANTA DIOP, 『흑인 국가들과 문화』, p. 53.
142) J. KI-ZERBO, 『흑아프리카의 역사』, p. 208. '노예esclave'라는 말은 '슬라브 slave'라는 용어에서 나왔는데, 중세 시대에 중부 유럽의 슬라브인들이 특히 많이 팔렸기 때문이다.
143) ELUNGU PENE ELUNGU, 『아프리카의 전통과 현대의 합리성』, p. 45.
144) J. KI-ZERBO, 『흑아프리카의 역사』, pp. 208~209.
145) J. KI-ZERBO, 『흑아프리카의 역사』, pp. 217~222. 이상주의적 조류에 입각한 인류애적 사상의 영향과 몇몇 종교적 조류의 각성에 힘입어 유럽에서 나중에 반노예제 운동이 태어나 도약하게 된다는 점을 명시하도록 하자. 이 반노예제 투쟁에서 프랑스의 사상가 볼테르와 '흑인친선협회'의 역할을 특별히 언급할 필요가 있다. 이 협회의 레날 신부와 그레구아르 신부는 흑인매매에 반대하는 급진적인 입장을 취했다.
146) T. OBENGA, 『식민화 이전의 중앙아프리카』, p. 46.
147) A. KAGAME, 앞의 책, pp. 307~309.
148) J. KI-ZERBO, 『흑아프리카의 역사』, p. 402.
149) ELUNGU PENE ELUNGU, 『아프리카 철학의 각성』, p. 93.
150) MABIKA KALANDA, 앞의 책, p. 45.
151) MABIKA KALANDA, 앞의 책, p. 38.
152) F. Fanon, 『아프리카 혁명을 위해 Pour la révolution africaine』, p. 35, p. 37.
153) J. P. SARTRE, 파농의 『지상의 유배자들』, 「서문」, p. 15. 사르트르의 이 인용문은 어떻게 보면 우리에게 식민주의와 심지어는 신식민주의의 원리와 방법들을 요약해준다.
154) K. NKRUMAH, 『아프리카에서의 계급투쟁』, p. 23, p. 31.
155) F. FANON, 『지상의 유배자들』, p. 32.
156) Ibid., pp. 31~31.
157) F. FANON, 『아프리카 혁명을 위해』, p. 41.
158) MABIKALANDA, 앞의 책, p. 41.
159) J. Ki-ZERBO, 『아프리카 문명의 현재 위기 La crise actuelle de la civilisation africaine』, pp. 81~82.
160) 앞의 책, 『흑아프리카의 역사』, p. 412, p. 429.
161) J. P. SARTRE, 파농의 『지상의 유배자들』, 「서문」, pp. 22~23.

162) F. FANON, 『아프리카 혁명을 위해』, pp. 35~36, p. 40.
163) K. NKRUMAH, 『아프리카에서의 계급투쟁』, p. 16.
164) F. EBOUISSI BOULAGA, 앞의 책, p. 19, p. 21.
165) J. KI-ZERBO, 앞의 책, p. 203.
166) F. EBOUISSI BOULAGA, 앞의 책, p. 88.
167) J. KI-ZERBO, 『아프리카 문명의 현재 위기』, pp. 24~25.
168) MABIKA KALANDA, 앞의 책, p. 40.
169) MUTUNDA MWEMBO, 「오늘날 아프리카의 존재론적 위기」, 『철학과 민족의 운명』, 1999, Editions Loyola, 2000, p. 50.
170) F. FANON, 『지상의 유배자들』, p. 34.
171) F. FANON, 『아프리카 혁명을 위해』, p. 105.
172) 리소르지멘토는 원래 19세기에 일어난 이탈리아 국가 통일과 독립 운동을 뜻한다 — 옮긴이.
173) F. FANON, 『지상의 유배자들』, pp. 29~30.
174) J. P. SARTRE, F. Fanon의 『지상의 유배자들』, 「서문」, p. 23.
175) N. NKRUMAH, 『아프리카에서의 계급투쟁』, p. 11.
176) CHEIKA ANTA DIOP, 『식민화 이전의 흑아프리카』, p. 7.
177) CHEIKA ANTA DIOP, 『식민화 이전의 흑아프리카』, p. 10.
178) CHEIKA ANTA DIOP, 『식민화 이전의 흑아프리카』, pp. 7~8. 디오프는 많은 연구를 한 서구 아프리카 사회(특히 세네갈에서)에서 이 조직체를 되찾았다.
179) K. NKRUMAH, 『아프리카에서의 계급투쟁』, pp. 12~13.
180) K. NKRUMAH, 『아프리카에서의 계급투쟁』, p. 29, p. 39.
181) M. WEBER, 앞의 책, p. 72.
182) F. FANON, 『아프리카 혁명을 위해』, pp. 124~126.
183) F. FANON, 『지상의 유배자들』, p. 50.
184) F. FANON, 『아프리카 혁명을 위해』, p. 7.
185) F. EBLOUSSI BOULAGA, 앞의 책, p. 223.
186) F. HEGEL, 『철학사 강의』, p. 207.
187) MABIKA KALANDA, 앞의 책, p. 43, p. 125.
188) *Ibid.*, p. 26.
189) K. NKRUMAH, 『아프리카에서의 계급투쟁』, pp. 35~41. 엘리트주의는 19

세기 중후반 두 명의 이탈리아 사회학자 파레토Vilfred Pareto와 모스카Gaetano Mosca의 작업으로부터 나온 부르주아의 사상이다. 이들은 마르크스주의를 반박하고 계급 제도를 철폐하고자 하는 사회주의 혁명의 가능성을 형식적으로 부인한다. 마르크스에 반대하면서 그들은 진정한 지도자는 항상 정치능력에 의해 지명되고, 모든 사회는 항상 한 명 또는 여러 명의 엘리트에 의해 지휘된다고 주장한다.

190) Ibid., p. 44.

191) F. FANON, 『아프리카 혁명을 위해』, p. 109.

192) NGOMA BINDA, 『흑아프리카의 정치 이데올로기. 비판적 분석 입문Idéologies politiques d'Afrique noire. Une introduction analytico-critique』, Hanovre, 1989(미출간), p. 1.

193) W. E. B. Du Bois (1868~1963). 미국의 교육가이자 흑인 민권 운동 지도자로 NAACP 창설자 — 옮긴이.

194) Marcus Garvey (1887~1940). 1920년 뉴욕에서 대아프리카공화국 독립선언을 채택하고 '아프리카로 돌아가라'는 구호로 흑인들의 지지를 얻었던 자메이카 출신 흑인 지도자 — 옮긴이.

195) Jean Price Mars(1876~1969). 아이티 출신으로 의사, 민족학자, 외교관, 작가로 활동하며 수십 년간 외교관으로서 유럽에 체류한 경험은 특히 아프리카에 대한 지식을 넓히는 계기가 되었다. 아이티인의 운명을 개선하려는 마음은 이산된 아프리카인들에 관한 이론과 문화적 범아프리카주의에 기여하도록 해주었다 — 옮긴이.

196) Kwame Nkrumah(1909~1972). 가나의 정치인. 통일골드코스트회 서기장을 지내고 회의인민당을 조직해 반영활동을 벌이다가 투옥되었으며, 골드코스트 총리를 지내고 가나공화국 초대 대통령이 되었다 — 옮긴이.

197) ELUNGU PENU ELUNGU, 『아프리카 철학의 각성』, p. 70.

198) L. S. SENGHOR, 『자유 3. 네그리튀드와 보편의 문명Liberté III. Négritude et civilisation de l'universel』, Paris, Éd. Seuil, 1977, p. 270.

199) Ibid.

200) L. S. SENGHOR, 앞의 책, pp. 231~232.

201) L. S. SENGHOR, 앞의 책, p. 92.

202) M. TOWA, 앞의 책, pp. 25~30.

203) ELUNGU PENE ELUNGU, 『아프리카 철학의 각성』, pp. 79~80, pp. 86~87.
204) L. S. SENGHOR, 『자유 2. 국가와 아프리카 사회주의의 길*Liberté II. Nation et voie africaine du socialisme*』, Paris, Éd. Seuil, 1971, p. 253.
205) L. S. SENGHOR, 『자유 2』, pp. 285~294.
206) S. BABAKA, 『현대 아프리카 사회에서 마르크스주의*Le marxisme devant les sociétés africaines contemporaines*』, Paris, Présence Africaine, 1983, p. 14.
207) J. NYERERE, 『자유와 사회주의*Liberté et socialisme*』, Youndé, Editions Clé, 1972, p. 36.
208) J. NYERERE, 『아루샤 선언. 10년 이후 결산과 전망*La déclaration d'Arusha. Dix ans après. Bilan et perspectives*』, Paris, l'Harmattan, 1978, p. 74.
209) J. NYERERE, 『자유와 사회주의』, p. 38, p. 49.
210) *Ibid.*, 『아루샤 선언. 10년 이후 결산과 전망』, p. 4. 한정적이고 부분적이지만 탄자니아에서의 사회주의 적용은 가난한 농민의 생활수준을 향상시키고 어떻게든 전체의 행복에 기여하는 데 성공했다.
211) K. NKRUMAH, 『아프리카에서의 계급투쟁』, pp. 29~30.
212) MOBUTU SESE SEKO, 「유엔 총회 연설」, New York, 1973년 10월 4일, pp. 4~5.
213) 『본래성과 발전』, p. 26.
214) OKOLO OKONDQ, 『문화와 발전의 철학을 위해. 아프리카의 실천과 해석학 연구*Pour une philosophie de la culture et du développement. Recherche d'herméneutique et de praxis africaines*』, Kinshasa, P. U. Z., 1986, pp. 89~90.
215) 『본래성과 발전』, pp. 412~413.
216) MOBUTU SESE SEKO, 『아프리카를 위한 자존심』, pp. 84~85. 1997년 5월 17일부터 자이레는 새롭게 콩고민주공화국(R. D. C)으로 국명이 바뀌고, 체제의 변화에 따라 자이레인들은 콩고 국민이 되었다. 그렇지만 우리는 여기서 본래성에의 호소가 시작되었던 시기의 어휘를 존중해 '자이레인들'이란 용어를 고수하고자 한다.
217) MOBUTU SESE SEKO, 『아프리카를 위한 자존심』, pp. 112~114.
218) *Ibid.*
219) MUKULUMANYA WA N'GATE, *art. cit.*, p. 69.

220) A. KAGAME, 앞의 책, p. 288.

221) G. BUAKASA, 「독립에서 콩고족 국가와 책임」, 『아프리카 사회주의의 길』, p. 150.

222) *Ibid.*, p. 149.

223) F. FANON, 『지상의 유배자들』, p. 21, p. 241.

224) CHEIK ANTA DIOP, 『흑인 국가들과 문화』, p. 219.

225) F. EBLOUSSI BOULAGA, 앞의 책, p. 160.